商业的本质
THE NATURE OF BUSINESS
和
互联网
AND
THE INTERNET

许小年 著

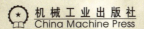
机械工业出版社
China Machine Press

图书在版编目（CIP）数据

商业的本质和互联网 / 许小年著. —北京：机械工业出版社，2020.1（2021.10 重印）

ISBN 978-7-111-64340-1

I. 商… II. 许… III. 互联网络 – 产业发展 – 研究 – 中国 IV. F426.67

中国版本图书馆 CIP 数据核字（2019）第 267760 号

商业的本质和互联网

出版发行：机械工业出版社（北京市西城区百万庄大街 22 号　邮政编码：100037）
责任编辑：赵陈碑
责任校对：李秋荣
印　　刷：大厂回族自治县益利印刷有限公司
版　　次：2021 年 10 月第 1 版第 5 次印刷
开　　本：147mm×210mm　1/32
印　　张：8.5
书　　号：ISBN 978-7-111-64340-1
定　　价：69.00 元

客服电话：（010）88361066　88379833　68326294　　投稿热线：（010）88379007
华章网站：www.hzbook.com　　读者信箱：hzjg@hzbook.com

版权所有·侵权必究
封底无防伪标均为盗版　本书法律顾问：北京大成律师事务所　韩光 / 邹晓东

Preface / 序言

互联网是 20 世纪的一项伟大创新,互联网和移动通信技术相结合,极大地改变了经济的运行方式和人们的生活方式。从零售、金融、通信、医疗,到教育、媒体、娱乐,经济和社会各个方面无不受到互联网的强烈冲击,行业结构和企业形态发生了深刻的变化。

消费互联网自 21 世纪初至今经历了它的黄金时期,有迹象表明它的巅峰已过,但这并不意味着互联网时代渐近尾声。工业互联网方兴未艾,移动互联网加数字技术齐头并进,机器互联和人机互联繁荣发展,互联网演化为物联网(Internet of Things),谁也无法预测,万物互联的供给侧一旦对接已然高度互联网化的需求端,将出现什么样的生态、什么样的商业模式,将给我们带来什么样的惊喜。

多少企业家和投资家抓住了消费互联网的历史性机会，跃入创新创业的洪流，造就了谷歌、亚马逊、阿里巴巴和腾讯那样的巨型科技公司，成为互联网时代的宠儿。然而，更多的创业者却倒在了走向辉煌的道路上，数以亿计的投资随着他们的失败而付诸东流。一将功成万骨枯，创新必然要付出如此惨重的代价吗？能否总结过去的经验和教训，在今后的创新活动中少走弯路，避免重蹈前人的覆辙？对这些问题的回答在很大程度上取决于我们对创新的理解。查阅文献，笔者发现两种似乎相互矛盾的观点。

哈佛大学的奥地利籍经济学教授约瑟夫·熊彼特（Joseph Schumpeter）认为，创新是对现有经济与行业格局的破坏，即"创造性毁灭"，职业经理人可以在相对稳定的环境中依照例行规则管理好企业，却不可能进行创新，因为创新意味着颠覆他们精心维护的现有体系。创新是企业家特有的也是唯一的职能，成功或失败取决于企业家的直觉和勇气而非职业经理人擅长的计划和执行，用于描述企业家的词语是"首创性""权威""远见""智慧和意志的巨人"，他们的行为适合用心理学而不是经济学来解释。㊀

在熊彼特看来，第一，企业家具有非同寻常的思维方式，他从敏锐的观察和丰富的联想中产生创新的念头，面对尚不存在且难以

㊀ 约瑟夫·熊彼特.经济发展理论[M].王永胜，译.北京：商务印书馆，2011：83-84.

预测的未来，没有可供参考的数据和可以依赖的规则，只能根据经验和凭着模糊的感觉做出重大的决策。虽然无法清晰说明决策的逻辑，但却能分清主次，抓住要害，而且事后屡屡被证明是正确的。第二，企业家有自由的心灵和战斗的冲动，否则便不能承担创新的重任。他梦想找到一个私人王国，以梦想的实现证明自己的卓越。他渴求成功，不是为了成功的果实，而是为了成功本身。他积累财富，不是为了满足自己的物质需求，而是为了投资更大的事业。企业家享受创造的欢乐，因为只有在创造中才能充分施展个人的能力和智谋。他寻找困难，为改变而改变，以冒险为乐事。第三，企业家勇于面对社会传统观念与既得利益集团的阻力，善于抓住机会，激发人们的想象，说服人们接受新的事物。在这方面，他更多地使用意志而不是才智，用个人的威望而不是用创始的思想。

熊彼特将创新归因于无法复制的企业家个人气质、心理与认知方式；管理大师德鲁克（Peter Drucker）则相信："企业家精神是一种行动，而不是人格特征。它的基础在于观念和理论，而非直觉。"⊖ 德鲁克同意，企业家"最主要的任务是做与众不同的事，而非将已经做过的事情做得更好"。但这并不意味着创新是一项高风险的活动，非要一类特殊的人才——企业家才能完成这个使命。德

⊖ 彼得·德鲁克. 创新与企业家精神[M]. 蔡文燕，译. 北京：机械工业出版社，2009：23.

鲁克进一步论述道:"企业家精神之所以具有风险,主要是因为在所谓的企业家中,只有少数几个人知道他们在做些什么。大多数人缺乏方法论,违背了基本且众所周知的法则。"

本书沿着德鲁克的思路,运用经济学原理分析与互联网相关的商业模式,试图验证一些"基本且众所周知的法则",为读者研究创新的方法论提供案例。这些法则绝不是什么商战获胜的秘诀,也不大可能用于新技术和新产品的设计,而仅仅有助于思考商业模式与操作策略,规避显而易见的误区,降低试错成本和资源的浪费。

笔者倾向于综合熊彼特和德鲁克的学说,将前者视为对颠覆式创新和创新企业(startup)的观察和总结,而视后者为主要针对大公司有组织的和系统化的创新,这些公司从事的多为目标相对明确的改进型创新。互联网时代颠覆式创新的典范非史蒂夫·乔布斯(Steve Jobs)莫属,熊彼特在其著作中描写的企业家的每一项特质,几乎都能在《史蒂夫·乔布斯传》[一]中发现真实人物的对应:一个以自我为中心的创新者,毕生奋斗的目标是"在宇宙中留下一点痕迹"。德鲁克则更像是给公司的高管上课,援引贝尔实验室和通用电气的案例,破除"大企业不创新"的偏见(熊彼特的一个观点),

---

[一] 沃尔特·艾萨克森. 史蒂夫·乔布斯传[M]. 管延圻,等译. 北京:中信出版社,2014.

主张创新和企业家精神是可以学到的,并告诉企业怎样管理创新,如何制定创新战略,在哪里得到创新的启发。

自始至终,前人的智慧指引着笔者对本书的构思和写作。

本书的结构如下。第 1 章介绍互联网之前的网络,包括运输和通信两大类,我们以铁路网为例,说明历史上是技术、市场和企业的互动将人类带入工业社会。第 2 章讲述互联网简史。第 3 章和第 4 章是本书的理论基础,或许会令读者感到枯燥,特别是第 4 章应用排列组合公式推导出网络特有的梅特卡夫效应(Metcalfe Effect),显得稍稍复杂一些。鉴于这个效应对于后续各章的重要性,希望不熟悉数学公式的读者能大致把握梅特卡夫和双边市场效应原理。

本书的其余各章为应用分析。

第 5 章在理解零售商业本质的基础上,从效率和客户体验的维度对比线上电商和传统店商,预测这个行业的未来是多种业态长期并存,而不可能一枝独秀。第 6 章讨论 P2P 商业模式的天生缺陷,展望互联网小微金融的明天与实现路径。第 7 章强调平台战略中进入壁垒的作用,认为持续为客户创造价值是建立和守住平台的关键。第 8 章将若干"共享经济"模式等同于线上租赁和公共品的一种供应方式,探讨了自由开源软件运动两个可能的动机:精明的商业策略及改变世界的情怀。在这一章中,我们还批判了《零边际成本社会》[一]一书的主要结论。

第 9 章围绕一家传统服装制造企业的转型,讲述数字化技术和工业互联网,由工业互联网不同于消费互联网的属性,推测其不同的发展道路与商业模式。第 10 章融合两家企业的经验,勾画数字化和物联网企业的组织结构。尽管我国数字化和物联网发展仍处于早期阶段,但我国企业在这方面的创新有可能改写管理学的经典结论。第 11 章再次引用第 3 章和第 4 章的各种经济效应,给出互联网公司估值的概念性框架,并借助复杂系统的研究成果,论证俗称的股市"非理性"其实和基于规则的理性决策并不矛盾。

[一] 杰米里·里夫金. 零边际成本社会:一个物联网、合作共赢的新经济时代 [M]. 赛迪研究院专家组,译. 北京:中信出版社,2014.

Acknowledgements / 致谢

谨以此书献给我的母亲。母亲教我诚实做人、认真做事，她是我研究与写作永不枯竭的动力。

母亲叶铮1923年11月3日生于浙江省宁波市镇海田央村，1945年在上海沪江大学就读时加入中国共产党，先后在皖西革命根据地、安徽省安庆地区新民主主义青年团、国家机械工业部和第一机械工业部任职。1983年退休，2002年8月20日病逝于北京。

在母亲的精神激励下，在学生和朋友的支持下，历经3年多，这本小书终于付梓。

感谢中欧国际工商学院的校友们和学生们，他们对知识的渴求赋予了烦琐文字工作特殊而重大的意义，他们的热情期盼使我在疲愈中振奋，让我时刻用古人"传道、授业、解惑"的训诫鞭策自己。2018年8月我正式退休，正是这些校友和学生发起了签名请愿，促使学院在2019年3月授予我"终身荣誉教授"的称号，我因此得以继续教育这一崇高的事业。

我要特别感谢张代理先生和王玉锁先生，他们打开了各自企业的大门，欢迎并全力支持我做调研和访谈。这两家企业在核心业务上创造性地运用数字化与物联网技术，极富超前意识地探索和试验数字化时代的组织变革。这些经验给予我多点启发，构成了本书第9章和第10章的主体。

在整理书稿的过程中，武克刚、宋军、朱新礼、潘石屹、田明、占志波、李士发等好友提供了安静的环境和便利的生活条件。程虹女士和宋梅女士为我安排了研究助理，宋明璞、王玮琪、高浩丹等人的贡献出现在本书的各章之中。宋梅女士、朱宇女士就书稿的修改提出了宝贵的意见。对于这些朋友的帮助，在此一并致谢。

一个经济学人涉足技术领域，偏差与错误在所难免，本人承担由此可能产生的一切责任。

Contents / 目录

序言
致谢

第 1 章　前世网络　/ 1
　　运输网　/ 2
　　技术、市场与经济增长　/ 10
　　通信网　/ 17
　　小结　/ 23

第 2 章　今生互联网　/ 25
　　大学与研究所阶段　/ 27
　　解除管制，商用爆发　/ 31
　　社交媒体与互联网新技术　/ 38
　　小结　/ 44

第 3 章　规模经济效应和协同效应　/ 47

多多益善　/ 49
从百货大楼到"万物商店"　/ 55
知彼知己，错位竞争　/ 59
小结　/ 64

第 4 章　梅特卡夫效应和双边市场效应　/ 65

梅特卡夫效应　/ 69
双边市场效应　/ 75
似是而非的互联网　/ 80
经济学有什么用　/ 83
小结　/ 88

第 5 章　新旧零售都是零售　/ 91

电商？店商？　/ 92
长尾的致命诱惑　/ 98
企业为什么必须赢利　/ 107
错在盲目模仿　/ 109
不只是购物体验　/ 114
小结　/ 120

第 6 章　金融的本质与 P2P 的崩塌　/ 121

痛定思痛　/ 125
金融的本质　/ 129

　　　　线下金融＋互联网　／ 133

　　　　社区互联网　／ 137

　　　　小结　／ 142

第 7 章　平台：无栏不成圈　／ 143

　　　　要害是壁垒而非规模　／ 146

　　　　得技术者得天下　／ 157

　　　　小结　／ 164

第 8 章　共享：公路还是租赁？　／ 165

　　　　线上出租　／ 167

　　　　情怀 vs 利益　／ 170

　　　　错得离谱的经济分析　／ 181

　　　　小结　／ 184

第 9 章　物联网和工业 4.0　／ 187

　　　　工业互联网的逻辑　／ 190

　　　　工业互联网之难　／ 198

　　　　从工业 1.0 到工业 4.0　／ 203

　　　　大数据＋云计算＝计划经济？　／ 206

　　　　小结　／ 212

第 10 章　数字化企业的组织变革　／ 215

　　　　解决方案变成问题本身　／ 218

XIII

　　　　　层级压缩和职能简化　/ 223
　　　　　自驱动和自适应组织的兴起　/ 226
　　　　　管理学的与时俱进　/ 230
　　　　　小结　/ 235

第 11 章　**价值几许**　/ 237
　　　　　泡沫与网络齐飞　/ 238
　　　　　理性分析"非理性繁荣"　/ 244
　　　　　梅特卡夫效应和估值　/ 250
　　　　　另类理性　/ 255
　　　　　小结　/ 257

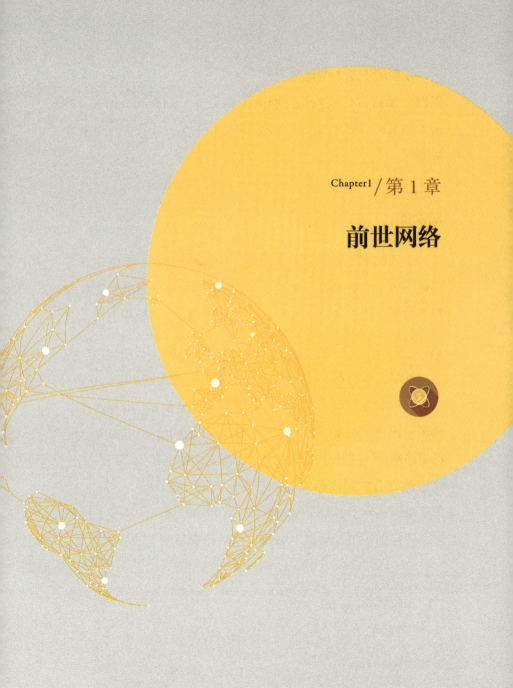

Chapter1 / 第 1 章

前世网络

互联网不是人类建造的第一张网，甚至也不是现代的第一张网。无论古代或现代，网络都和交通（communication）相关，如果我们把交通理解为运输和通信的话。让我们首先来看运输网。

运输网

公元前 221 年，秦始皇统一中国，第二年即着手修建以首都咸阳为中心的驰道。驰道全长 6 800 多公里，通向新征服的东方六国。跑在这个全国性公路网上的是皇帝和他的扈从，以及经皇帝许可的政府官员及军队。

罗马人修路架桥的历史似乎更早，从公元前 5 世纪开始，随着统治疆域的扩大，罗马大道伸向已知西方文明世界的各个地区，连接欧、亚、非三大洲，形成环抱地中海的空前大帝国的道路网。⊖ 根据现代学者的估计，罗马大道总共 40 多万公里，其中铺设石块路面的就有 8 万多公里（见图 1-1）。这张古老的道路网无异于罗马帝国的血管系统和神经系统，离开了这张网，帝国的军事、行政、财政、邮政和贸易便无法正常运转。

⊖ https://en.wikipedia.org/wiki/Roman_roads#/media/File:Roman_Empire_125_general_map_(Red_roads).svg.

西谚有云:"条条大路通罗马。"实际上,罗马通过条条大路掌控着行省和主要城市的局势,维持了长达七八百年的地中海霸权。直到今天,在意大利、法国、英国、西班牙等地,部分罗马大道仍在使用。

图 1-1 公元 2 世纪的罗马大道

资料来源:https://en.wikipedia.org。

现代世界的早期网络出现在英国。18 世纪下半叶,蒸汽机的应用拉开了工业革命的序幕,马车已无法满足运输煤炭、铁矿和重型机器的需要,英国人于是开挖了运河,随后又将运输的重心转移到铁路网。1825年9月27日,第一条蒸汽机驱动的公共铁路线在斯托克顿和达灵顿之间落成通车,全长40公里,由被称为"铁路之父"的乔治·斯蒂芬森(George Stephenson)设计,这一年亦被公认为铁路世纪的元年。斯蒂芬森既是具有创新精神的工程师,也是出色的企业家,他和儿子以及另外两个合伙人成立了公司,专门生产机车车头。1829年,斯蒂芬森以"火箭号"牵引车头在技术竞赛中胜出,除了500英镑奖金,还赢得了从利物浦到曼彻斯特铁路线的设计与建筑合同。1830年9月15日,这条线路建成投入使用,开幕式成了新技术的盛大庆典,吸引了包括英国首相在内的政界和工业界要人到场,斯蒂芬森等人亲自驾驶8列火车从利物浦出发,在人们热情的欢呼声中抵达曼彻斯特(见图1-2)。

利物浦—曼彻斯特线的开通激发了英国人的投资热情,多条城际铁路接连开工。斯蒂芬森敏锐地预见到,单条铁路线最终会连接成一个网络,需要尽快统一各条线路的轨道宽度。在斯蒂芬森的倡导下,英国于1845年立法确定标准轨宽为1.435米,这个宽度后来成了世界标准。19世纪中叶,英国已有铁路3 600多公里，年运送旅客3 000多万人次，而当时英国总人口也就2 750万人（1850年）。到19世纪下半叶，铁路已接通了大大小小的城镇，形成全国性的运输网络。

图1-2　1830年利物浦到曼彻斯特的蒸汽动力客车

资料来源：https://en.wikipedia.org。A.B. 克莱顿（A.B. Clayton）绘制。

大西洋彼岸，19世纪晚期美国也在其工业发达地区建成了密如蛛网的铁路网（见图1-3）。

人 物

乔治·斯蒂芬森（1781—1848），英国机械工程师、发明家，出生在英国诺森伯兰的一个煤矿工人家庭里。由于家境贫困，8岁时帮人放牛，14岁当上蒸汽机司炉的助手，繁重的劳动使他产生革新机械的愿望。斯蒂芬森从未接受过正式教育，17岁时开始进夜校读书。因工作成绩优秀，他被破例提拔为矿上第一个工匠出身的工程师。经过多次试验，斯蒂芬森在1814年制造出了一辆能够使用的蒸汽机车，11年后试制成功世界上第一台客货运蒸汽机车"旅行号"。1829年，斯蒂芬森以"火箭号"新机车赢得建造利物浦至曼彻斯特铁路的合同，并于次年建成该铁路，是为世界第一条城际蒸汽客车线路。斯蒂芬森于1847年当选为英国机械工程师学会的第一届主席。

资料来源：https://en.wikipedia.org。

事实证明，斯蒂芬森的轨道标准对铁路技术的推广起到了至关重要的作用。从理论的角度看，如果轨道宽窄不同，运输线路局限于一国一地而不能相互连通，将大大地降低网络特有的梅特卡夫效应（详见本书第 4 章）。秦朝在修建驰道的同时，规定了车轨的宽度，"车同轨"才可形成交通网络，"书同文"才能顺畅地沟通交流。罗马帝国也规定了道路和车轨的宽度，保证不同的车辆在帝国境内畅通无阻。在本书第 2 章我们将看到，当局域网扩展延伸到彼此相连时，通信协议成为必需，TCP/IP 等协议之于通信网相当于轨道的标准宽度之于道路网。为不同的电脑硬件和操作系统提供统一的标准语言，才使覆盖全球的互联网成为可能。

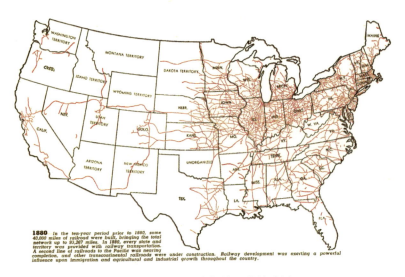

图 1-3　19 世纪晚期美国的铁路网

资料来源：https://en.wikipedia.org。

继铁路网之后，下一个登台的运输网是电网（见图1-4）。铁路运送煤炭，电网运送（比如煤炭燃烧转化成的）电能。

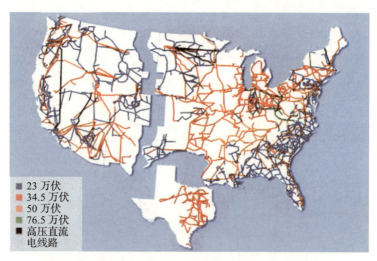

图1-4　美国于19世纪80年代开始建设全国性电网

注：电网目前由东部、得克萨斯和西部三大部分组成。20世纪90年代，联邦政府放松了对电力行业的管制，开放了供电市场和价格。面对复杂多变的需求，电力供应商们正在运用人工智能进行电力调度，就像电信公司用自动电子交换机控制话音和数据传输一样。

资料来源：https://en.wikipedia.org。

电力对人们生活的影响更大（见图1-5），电灯取代了煤气灯和蜡烛，机器从工厂走进家庭，开创了家用电器的时代，与人们生活密切相关的服务业在制造业之后兴起，成为发达市场经济的主体，电力也为后续的技术创新，如电话、电视、电脑、无线通信和互联网，奠定了基础。

图1-5 "网络经济"

注：1888年的纽约市，各个电力公司和电话公司密如蛛网般的电线布满天空。一场暴风雪造成大面积停电和通信中断，电力公司和电话公司吸取教训，将空中的电线埋入地下。

资料来源：https://en.wikipedia.org。

铁路受到轨道的限制，电力传送需要架设高压线。为了寻求更为灵活的"运输工具"，1886年德国工程师卡尔·奔驰（Karl Benz）经过多年研发，首先推出了内燃机汽车的商业化产品，1908年美国企业家亨利·福特（Henry Ford）采用流水线生产T

型车，大幅度降低了汽车的成本和价格，汽车从奢侈品变成了中产阶级家庭的生活必需品。随着汽车的普及，公路再次兴盛，替代铁路成为区域性中短途交通运输的骨干。1965年前后美国动工修建连接各州的公路网，在长途运输上也将铁路边缘化了。

自工业革命开始，技术进步从未停顿，从蒸汽机到互联网，所有这些新技术无不强有力地推动了经济的增长。

技术、市场与经济增长

前工业时代英国GDP平均每年增长0.5%～1.0%，以蒸汽机技术为标志的工业革命在1780～1830年将GDP增长率提高到年平均1.7%。工业革命完成之后，英国的经济增长非但没有放缓，反而在1830～1860年进一步上升到平均每年2.5%。[⊖] 实现可持续甚至是加速的经济增长，铁路功不可没。

在大西洋的另一边，铁路对经济发展的促进作用更为显著。19世纪下半叶，美国开始投资建设铁路，南北战争结束后加快了铺设的速度。1869年和1873年，两条横贯美国的铁路干线先后竣工，拓荒者乘火车涌入中部大平原，在那里开拓

⊖ Broadberry S, Campbell B, Klein A, et al. British Economic Growth, 1270-1870: an output-based approach[J]. Studies in Economics, 2013:56.

大片的农地和牧场，更多的人越过落基山脉，来到太平洋沿岸的加利福尼亚和俄勒冈，推动了美国的西部开发，从此美国各州连接成为一个巨大的全国性市场（见图1-3）。1875～1890年美国进入铁路的投资密集期，这一时期的GDP增长达到4.1%[一]，铁路一度是除农业之外的最大就业部门。

顺便提一下，工业化时期的经济增长与宏观政策无关。在英国经济起飞一百多年后，才诞生了旨在刺激需求的凯恩斯经济学。从工业革命到今天的绝大部分时间里，供给侧涌现出的新技术是经济增长的根本和经久不衰的动力。新技术不仅创造了新的投资机会和就业机会，并且提高了劳动生产率，从而提高了人均收入，就业和收入的增加带来旺盛的消费需求。有收入支持的消费需求反过来刺激生产，经济进入供给和需求相互推动的良性循环，在宏观层面上表现为经济增长。

铁路等新技术对于经济增长的意义，不只在于火车是比马车速度更快、装载量更大的运输工具，新技术引起了深刻的经济社会结构的改变，结构性变化带来资源使用和配置效率的飞跃。大机器工业生产的效率远超传统农业，工业取代农业成为经济的主导部门，这一过程本身就释放出巨大的经济增长能量。由于早期工业化必需的大宗商品是煤炭和铁矿石，受到运输成

[一] Robert J Gordon. Macroeconomics[M]. New York: Prentice Hall, 2011.

本的限制，利用蒸汽动力机器生产的工厂一般都建设在煤矿和铁矿附近，例如德国的鲁尔工业区。铁路大幅度降低了运输成本，工业生产方式就此摆脱了矿产资源的地理位置局限，随着火车进入大小城镇乃至乡村。如果将蒸汽机视为工业革命的心脏，那么可以毫不夸张地讲，铁路就是遍布全身的血管系统。

需要指出的是，仅有技术创新还不足以改变生产方式，**市场规模**才是变革的决定性推手。虽然机器的效率比手工高很多，但由于资本投入太大，生产批量过小会使分摊到单位产品上的机器成本过高（详见本书第3章），传统的人力加简单工具相对机器生产仍具有成本优势。自给自足的家庭经济只能使用手工纺车（见图1-6），当市场规模随着铁路网扩大时，生产批量不断增加，机器的使用才变得有利可图，越来越多的现代工厂才建立起来（见图1-7），逐步取代手工工场和家庭承包作业，将人类带入工业时代。

正是铁路将它所到之处的人口纳入统一的市场，造就了前所未有的市场规模。太平洋铁路连接了相隔数千公里的美国东西海岸（见图1-3）。英国内陆城市的家庭吃上了沿海捕捞的鱼虾，企业将英国先进的机器运到海港，再将它们装到蒸汽动力轮船上，从那里出口到其他国家。国际贸易日趋繁荣，市场超越国界，开启了我们今天所说的全球化时代。

图1-6　一位爱尔兰老人在用纺车

资料来源：https://en.wikipedia.org。美国国会图书馆馆藏。

铁路网的出现促进了人口向城市的集中，特别是作为交通枢纽和商品集散地的大城市。铁路运输具有快速、准时和成本低的特点，一方面吸引企业在城市开设工厂；另一方面也便利了人口从农村、郊区向城镇的迁移，满足了企业不断上涨的劳动力需求。1847年从伦敦驶出世界上第一班廉价通勤列车，中心城市扩展到郊区和邻近县城。

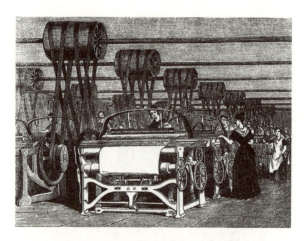

图1-7 英国工业革命时期的纺织机

资料来源：https://en.wikipedia.org。

人口聚集到城镇，社会分工进一步深化。在农业社会中，一个村子的需求带来的购买无法养活一个全职做衣服的裁缝，农户的主妇因此必须自己纺纱织布（见图1-6），自己缝制衣服。城市里人口多、需求大，为专业的纺织和服装厂家提供了足够的市场空间，制衣于是从家庭劳动中分离出来。服装制造商面向市场需求，生产批量大，有可能用机器替代人工进行大规模的工业生产。更为重要的是，长期从事一项专业工作，工人熟能生巧，操作技能得到改善。同样是专业化的工程师和管理人员则通过经验和知识的积累，加快了技术和管理创新的步伐。生活在工业革命时期的亚当·斯密视分工为经济增长的终极源泉，应当说是极具洞见的。

专业化分工越发达，对协作整合的要求越高。服装制作始于棉花的种植，到消费者穿衣上身，在长长的加工、运输和销售链条上，不知有多少企业参与其中，经过十几乃至几十道转手，才最终实现产品的价值。如果在协作的环节上成本过高，例如织布厂距离制衣厂太远而运输成本过高，或者两家厂商无法就布匹的销售价格和数量达成一致，我们称之为**交易成本**过高，供应链条就有可能发生断裂，导致社会分工与协作的失败。幸运的是，铁路降低了运输成本，企业聚集在城镇，沟通便利，信息传播快，减少了交易成本。

就扩大市场规模、降低交易成本而言，今天的互联网和昔日的铁路网并无本质区别，人们一般认为的互联网创造的新业态，在历史上其实也有迹可循。

1892年理查德·西尔斯（Richard Sears）在芝加哥开办了一家零售邮购公司，销售手表、珠宝等商品，取得初步成功后便扩展到玩具、生鲜产品、缝纫机、自行车、体育用品甚至汽车，其商品目录也从最初的几页增加到300页、500页。消费者足不出户，坐在家里寄发邮件下单，西尔斯收到订单和定金后发货，货到如不满意，原款如数退回。这一切成为可能，皆拜铁路之赐。西尔斯利用铁路交通向广大的乡村地区投放邮购目录，同时用火车给客户送去他们订购的商品。聪明的读者一定会联想到今天的亚马逊和淘宝，在现代的语境中该如何称呼西尔斯呢？与电商相对应，西尔斯是"邮商"或"铁商"吗？考虑到西尔斯本人从铁路货运代理开始他的商业生涯，铁商是相当准确的名称，如果人们不会把它混同于五金行的话。

凭借铁路邮购，西尔斯成长为美国乃至世界第一大零售商，直到20世纪70年代才让位于迅速崛起的沃尔玛，后者的商业模式优势同样来自网络技术——高速公路网，以及连接其遍布全球的商店和仓库的卫星通信网。今天，沃尔玛又面临亚马逊的挑战，互联网使电商有可能直接触达数以亿计的个人消费者，因而有可能再次重塑零售业。

新技术不仅催生新的商业模式，而且时常引发下一波的创新浪潮，技术进步呈现出自我繁衍和**收益递增**的趋势。为了通报和调度列车的运行，英国人1838年在西部铁路线上架设了世界上第一条商业电报线路。从此之后，火车开到哪里，电报线路就架到哪里。早期的电报使用电线和电缆，而后很快又出现了无线通信技术。不知不觉之中，伴随着四通八达的铁路网，历史上第一张通信网形成了。在此之前，人类只能依靠声、光信号，在可听与可视的范围内做短距离通信（就像古代中国长城上的烽火台），电报使人类的沟通超越感官所及的范围。

通信网

电话的发明者亚历山大·格拉汉姆·贝尔（Alexander Graham Bell）于 1877 年创立贝尔电话公司，一度垄断了电话通信的世界市场。

1878 年 1 月 28 号，在获得了贝尔电话公司的许可后，科伊（Coy）等人的纽黑文电话公司开张，第一台电话交换机投入商业使用（见图 1-8），公司招徕了第一批当地客户，共 21 人，每人月费 1 美元 50 美分。

图 1-8 手工电话交换机，网络通信的雏形

资料来源：https://en.wikipedia.org。得克萨斯理查德森公共图书馆藏，大约拍摄于 1900 年，拍摄者不详。

人 物

亚历山大·格拉汉姆·贝尔（1847年3月3日—1922年8月2日），苏格兰出生的美国发明家和企业家。其祖父、父亲、兄弟都从事演说术与发声法的研究，他的母亲和妻子都是聋人，这一切都影响着贝尔对听力和语言的研究。他发明的实验听力设备获得了世界上第一台可用的电话机的专利权，并在1877年7月创建了贝尔电话公司，即美国电话电报公司（AT&T）的前身，一度垄断了世界的电话服务市场。贝尔的学生评价他"终其一生都在与隔绝人类的沉默做斗争"。贝尔还发明了一台测量听力的仪器，一台可用来发现人体内金属的仪器以及可载人的巨型风筝，他还改良了留声机，并在光通信、水翼船及航空等方面取得开创性工作。2004年，加拿大广播公司将贝尔选为"十大杰出加拿大人"之一。

资料来源：https://en.wikipedia.org。

这台原始的交换机开创了网络通信的新时代，在此之前，无论电报或电话，人们只能做点对点的单线联系，如果三个

人 A、B、C 要实现互通，需要建设 AB 之间、AC 之间和 BC 之间的三条线，使用交换机后，有 AB 和 BC 两条线就够了，A 和 C 之间不必再有线路直通。A 若想给 C 打电话，信号可走 AB 线，由交换机转接 BC 线到达 C，这样就节省了电话网络的建设费用，而且用户数量越多，人均成本就越低，我们将在本书的第 4 章中将网络的这个性质表述为"梅特卡夫效应"。

梅特卡夫效应超越了一般的规模经济效应，是网络强大力量的一个主要来源，铁路网、电话网对经济产生了较非网络技术更为深远的影响，原因也正在这里。我们将在第 4 章详细分析梅特卡夫效应。

随着网络规模的扩大，电话单位成本下降，从而价格下降，电话很快从大公司和富裕人家的奢侈品变成了大众消费品。1915 年，AT&T 开通了东西海岸的长途电话服务。1921 年，全美共有 1 400 万部电话，几乎覆盖了城镇和农村的每一个家庭，其中 AT&T 占有 64% 的市场份额，长途电话完全为其垄断。AT&T 保持了它的霸主地位，直到 1982 年被迫分拆，原因之一是这个巨无霸在华尔街的支持下，不断收购独立的运营商，大树底下寸草不生，就像今天的大型互联网公司。

1926 年，跨越大西洋的伦敦—纽约电话电缆铺设完成，世界性的通信网初现端倪。

通信网络的下一个飞跃是移动技术。移动通信的历史可上溯到1918年，德国人在柏林到左森的军用火车上试验了无线通信。第二次世界大战期间，各主要交战国广泛使用了肩载、车载、舰载和机载的无线通信设备，战后移动通信进入民用领域。1948年，美国电话电报公司建立了第一个移动通信网，覆盖圣路易斯市和周边的100个城镇及铁路沿线的车站，这个系统被称为移动通信的第零代（0G）。

1973年4月3号，摩托罗拉的工程师马丁·库珀（Martin Cooper）拨打了世界上第一个手机电话（见图1-9）。1979年，一代（1G）模拟技术移动通信网络在日本东京建成。20世纪90年代出现第二代（2G）的数字化移动通信网，欧洲的标准是GSM，美国则采用CDMA标准。值得一提的是，日本电话电报公司（NTT DoCoMo）在1999年引入互联网服务，由此开始了移动通信和互联网的融合。

2G移动通信的应用很快从电话语音扩展到数据，特别是与互联网相关的数据，2G的数据传输速度和容量无法满足新的需求。2001年5月日本电话电报公司开发的第一个商用3G系统投入使用，采用新的数据打包传送方法（packet switching），大大提高了网络传输的效率。技术可能性的扩展刺激了应用的迅速增长，不久即达到3G网络的能力上限，新一代技术的开发势在必行。2009年美国和斯堪的纳维亚的国家开发了基于IP^㊀的第四代移动通信技术（4G），一举将传输速度提高10倍以上，更重要的是，4G无线通信实现了和互联网的完全对接。

图1-9 "大哥大"之父马丁·库珀，2007年演示他创造历史的手机

资料来源：https://en.wikipedia.org。Rico Shen拍摄于2007年6月。

㊀ IP，Internet Protocol直译为"互联网协定"，它说明了传送数据的大小、发出和收取地址，类似于纸质邮件的信封。

过去十年间，互联网移动通信飞速发展，接入网络的设备和服务应用急剧增加，数据流量暴涨，4G 通信系统的容量很快将不敷使用。在这样的形势下，国际组织和各国政府启动了 5G 标准的制定工作，厂商纷纷投入资源研发 5G 的软硬件技术。2018 年 6 月，国际电信联盟批准了首个完整的 5G 国际标准；同年 12 月，韩国三大电信运营商在韩国部分地区推出 5G 服务；几天后，美国电话电报公司宣布在美国 12 个城市开放 5G 网络；2019 年 6 月，中国工信部向中国电信等四家运营商发放了 5G 商用牌照。㊀

据报道，5G 系统可以接入千亿台设备，数据传输速度比 4G 快 100 倍，时间延迟从 30～70 毫秒缩短为低于 1 毫秒。大容量的系统为物联网的广泛使用铺平了道路，快速传输免除了高清视频下载时令人心焦的等待。时间延迟短意味着反应快，这对于汽车的自动驾驶是至关重要的，几分之一秒的差别可能就决定了路上是车祸悲剧还是安全无恙。

回顾从罗马大道到移动互联网的技术发展轨迹，网络在人类文明史上并非今日才有，虽然今天 5G 的功能已超出古希腊人对诸神的想象，然而具有划时代意义的仍属蒸汽机和铁路

㊀ https://baike.baidu.com/item/5G/29780?fr=aladdin.

网。蒸汽机使人类从农耕文明跨入现代工商文明，铁路将工商文明传播至世界五洲。电力网、电话网和移动通信网继续了铁路的故事，创造了更大规模的市场，不断深化社会分工与协作，便利和丰富了人们的生活。

小结

我们将人类有史以来发明的网络分为两类：运输网和通信网。公路、铁路、水路、空运和电力网被归入前一类（如果视电网的作用为能源运输的话）；电报、电话、电视和互联网则属于后一类，人们在网上搬运传输的不是物质产品和能源，而是信息和数据。无论哪一类网络，它们对企业和经济发展的促进不仅体现在工具效率的提高，而且因降低交易成本，扩大市场规模，深化社会分工，从而驱动经济增长。网络的第三层效益是孕育新的商业模式和生活方式，铁路网之于百货商店，互联网之于电商、社交，都是这样的例子。

Chapter2 / 第 2 章

今生互联网

互联网的概念早在20世纪60年代就被提出,并在美、英等国进行了试验。早期的电脑网络以一台主机为中心,连接多个PC终端,组成物理上独立和封闭的区域网LAN(local-area network),如图2-1中放大的方格所示。

图2-1 互联网长什么样

注:如果你能看见互联网,它像动物的神经系统,图中的每一个节点代表一个区域互联网LAN,以一台电脑或服务器为中心,连接该区域内的多个终端(如图右下角所示),这些节点的相连构成互联网,即所谓"互联网的互联网"。

资料来源:https://en.wikipedia.org。

1969年，美国国防部高级研究计划局（Advanced Research Projects Agency，ARPA）着手建立一个命名为ARPAnet的网络，几位研究人员和教授首先试图将加州大学洛杉矶分校（UCLA）和斯坦福研究所（SRI）的区域网连接起来。1969年10月29日，大学生查尔斯·克莱因（Charles Kline）在洛杉矶这端的电脑键盘上敲了一个字母"L"，用电话询问等候在另一端的人收到没有，在得到斯坦福那边的确认回答后，克莱因用键盘发出第二个字母"o"，那一端又确认收到，然而在打第三个字母g的时候，系统宕机（down机）了……一个小时之后，系统重新启动，克莱因终于发出了世界上第一个互联网短信"Login"。

两个字母"L""o"拉开了一场技术革命的大幕。

大学与研究所阶段

ARPAnet的成员在1969年底增加到4个，犹他大学和加州大学圣芭芭拉分校加入进来，到1981年，ARPAnet连接的区域网增加到213个，独立于ARPAnet的互联网也由美国政府机构如航天宇航局、能源部、国家科学基金会以及高等院校分别开发建立。20世纪70年代初，欧洲各国纷纷建立自己的互联网络,几乎和美国同时起步,其中英国开发的 X.25 网络数据标准被国际电信联盟(ITU)接受为国际标准,X.25 跨出国界,进入美国、加拿大、中国香港等地。与 ARPAnet 不同,X.25 从一开始就允许包括公司在内的民间机构接入,而前者仅限于军队、政府、研究机构和大学。

如此多的网络并存,各有各的标准,网络和网络之间的连接和通信相当困难。意识到统一标准的重要性,美国国防部委托并资助斯坦福大学的文顿·瑟夫(Vinton Cerf,见图 2-2 左)进行互联网通用标准的研究,瑟夫和罗伯特·卡恩(Robert Kahn,见图 2-2 右)设计了 TCP/IP 标准[⊖],两人和其他几位科学家/工程师被称为"互联网之父"。这使我们想起了斯蒂芬森,他在铁路时代建立了道轨宽度的标准,为线路连接成网络奠定了基础。

1983 年 1 月 1 日,ARPAnet 的所有用户转换到新的 TCP/IP 标准上。在这个过程中瑟夫等人第一次使用了"互联网"(Inter-networking)这个词,后来它被简化为 Internet,从动名词"连接网络"变成了名词"互联网"。经过一番争执,美国

⊖ TCP, Transmission Control Protocol, 传输控制协议。TCP/IP 提供了数据点对点联接的信息, 说明数据是怎样分装打包的、发出与终点地址、传送方法、传输路径以及接收方法。

人压倒了欧洲，使其 TCP/IP 标准成为国际标准，为世界性的互联网铺平了道路。

图 2-2　文顿·瑟夫（左），罗伯特·卡恩（右）

资料来源：https://en.wikipedia.org。韦尼·马尔科夫斯基（Veni Markovski）拍摄。

1989 年，天才的蒂姆·伯纳斯－李（Tim Berners-Lee）向他所在的欧洲核子研究组织（CERN）提出构建万维网（World-WideWeb）的设想，以方便该组织的研究人员分享和更新信息。这个设想的一端是超文本（Hypertext）链接，将分布在不同物理空间的文件、音响、图片、视频组织构成多媒体网页，存放在服务器上；另一端的用户借助手中的浏览器（Browser，同时也是网页编辑器），在网上将所需的网页列表展示在终端屏幕上，然后逐一登录这些网页，浏览、修改、下载，或将自己的网页上传。

蒂姆·李的这一设想最终催生了三项对互联网至关重要的技术发明，一是用于制作网页的标准语言HTML（Hypertext Markup Language），二是网页传输和通信的标准HTTP（Hypertext Transfer Protocol），三是俗话说的"网址"URL（Uniform Resource Locator）。

1990年12月20号，蒂姆·李开发出第一个浏览器，并建立了世界上最早的网页，用来说明他正在从事的万维网研究项目。万维网上的无数网页相当于一个分布式图书馆，只要知道网址，读者就可以利用浏览器很快找到他想要的网页。1993年，万维网对所有人免费开放，蒂姆·李一直坚持非营利原则，不申请专利，不收专利费，人人皆可使用，极大地促进了互联网的扩散和普及。

蒂姆·李并不是当代具有经世济民情怀的唯一技术大家，在本书第的8章，我们将看到理查德·斯托尔曼（Richard Stallman）和莱纳斯·托瓦尔兹（Linus Torvalds）等开源自由软件的先行者，本来有机会成为比尔·盖茨（Bill Gates）那样的亿万富翁，却自愿选择了造福社会的道路，激烈地反对为了商业利益而垄断技术。人性是复杂的，既有富甲天下的野心，也有普惠众生的抱负，平心而论，这两种不同的动机对技术进步都起到了不可替代的作用。

1955年6月8日，蒂姆·伯纳斯－李出生于英格兰伦敦西南部，父母均为数学家；1976年获牛津大学王后学院物理学士学位；1980年担任欧洲核子研究组织（CERN）独立承包人；1984年以研究员身份加入该组织；1989年开始构建万维网；1994年离开CERN，转至麻省理工学院组建万维网联盟（W3 Consortium）；2004年获封为英国爵士；2009年当选美国国家科学院院士；2017年因"发明万维网、第一个浏览器以及使万维网得以扩展的基本协议和算法"而获得图灵奖。

资料来源：https://en.wikipedia.org。图片由乌尔迪斯·博亚尔斯（Uldis Bojars）拍摄。

解除管制，商用爆发

1992年，美国国会意识到政府的限制已构成互联网技术进一步发展的障碍，于是通过《科学与先进技术法案》，允许商业网络接入政府所建的骨干网络如国家科学基金会网

（NSFnet），1995年则取消了对商业互联网的所有限制。及时解除管制，互联网的商业应用如开闸洪水，迎来爆发式增长。

如果说瑟夫、卡恩、蒂姆·李等人的开创性工作使全球一张网变为现实，美国在线（American Online）1993年向普通的PC使用者提供接入服务，则是将世界上的每一个人连接到这张大网上。接下去要解决的问题是如何在这张网上找到每个人所需要的信息。

虽然蒂姆·李几年前就编制了网页索引，但网页浏览器的普及则始于1994年网景（Netscape）公司发布的商业性产品。1995年微软（Microsoft）利用Windows近乎垄断的地位，捆绑推广它的浏览器IE（Internet Explorer），击败网景公司，很快占据了90%以上的浏览器使用市场。然而正像我们在第7章中讨论平台时所强调的，规模从来就不能保证长久的成功。进入21世纪，微软IE的市场份额一路下滑，近年来仅剩个位数，远远落后于谷歌Chrome的62%。[一]谷歌的崛起得益于一种新的网上信息查找方法，尽管这种方法的原创属于另一家公司。

[一] https://en.wikipedia.org/wiki/Usage_share_of_web_browsers。

当时还是斯坦福大学博士生的杨致远创办了雅虎，于 1994 年推出搜索引擎，用户不必知道网址，输入关键词即可根据内容需要查找网页。虽然网页搜索工具早已有之，例如蒂姆·李编制的网页索引就是一个搜索的雏形，但雅虎对于搜索引擎的普及功不可没。1998 年底，雅虎的日均访问量达到 2 亿多人次，注册用户 4 700 万，成为无可争议的市场领头羊。遗憾的是，雅虎在搜索上的先发优势并没有持续太久，它的搜索是图书馆式的，按照大类—小类—子类的树状目录查找，不仅对用户的知识要求高，而且只能手工编制目录索引，工作效率远远跟不上网页数量的急剧增长。

1996 年，同样是斯坦福大学博士生的拉里·佩奇（Larry Page）和谢尔盖·布林（Sergey Brin）在学生宿舍中开发了一种新的搜索方法，根据关键词在网上找出关联度高的网页，实现了更高的用户端查询效率，更为重要的是，这种编制索引的方法不需要人工干预，由机器自动执行。1997 年两人试图将这项技术以 100 万美元的价格卖给雅虎，遭到拒绝后，于 1998 年注册成立谷歌公司（Google），很快反超雅虎，成为网上浏览和搜索的首选工具。

人物

杨致远，1968年出生在中国台湾台北市，2岁丧父，10岁时随母亲移居美国加利福尼亚州。1990年以优异的成绩考入斯坦福大学电机工程系，只用4年时间便获得了学士和硕士学位，并结识了大卫·费罗。两人在1994年共同创立雅虎互联网导航指南，意识到网页查询所蕴含的巨大商机，于次年注册成立了雅虎公司（YAHOO!），杨任首席执行官。1996年雅虎在纳斯达克上市，很快主导了网页搜索市场。1997年底，雅虎日均访问量达到9 000多万人次，比所有对手访问量的总和还要多，1998年12月进一步增加到2.35亿人次，注册用户数量高达4 700万人。

由于搜索方法落后，雅虎失去市场优势而渐趋衰落，在与脸书（Facebook）和微软的收购谈判中失败后，雅虎2016年以48亿美元卖给了美国移动通信巨头威瑞森（Verizon）。

雅虎2005年10亿美元投资阿里巴巴，购买了40%的股份，至今仍持有15%（阿里巴巴2019年初的市值为4 300亿美元）的股份。

资料来源：https://en.wikipedia.org。

佩奇（左）和布林（右）在租来的车库办公室里

● 人 物

谢尔盖·布林，犹太裔美国人，1973年出生在苏联，6岁时随父母移居美国。受祖父和父亲的影响，布林于1990年进入马里兰大学攻读数学和计算机科学，毕业后前往斯坦福大学继续深造，在那里认识了计算机博士生拉里·佩奇。在经历了初期短暂的不甚愉快的交往后，两人就"在智力上惺惺相惜，成了亲密的好友"。布林专注于数据挖掘，佩奇则从学术论文的相互引用得到启发，重点研究网页内容的关联度。两人最初在宿舍里使用廉价电脑，试图开发出超文本的网络搜索引擎。随着这项计划越来越有成功的可能性，两人暂停在斯坦福的学业，从苏珊·沃西基（后成为谷歌高级副总裁）那里租来车库，继续谷歌搜索的研发。

资料来源：https://en.wikipedia.org。

人 物

拉里·佩奇，1973年出生在美国的一个犹太家庭，父母都是大学的计算机科学教授，他本人就读于美国密歇根大学安娜堡分校。从童年时期起，佩奇就沉浸在科学和技术杂志中，他在2013年的一封给谷歌员工的信中写道："我记得（年轻时）花了很多时间仔细阅读书籍和杂志。"佩奇持续更新自己的知识，以"活到老，学到老"勉励自己。除了科技，佩奇热爱音乐，可以演奏萨克斯管。佩奇提到音乐教育激发了他对计算速度的兴趣和迷恋，"从某种意义上说，我觉得音乐训练为我带来了谷歌的高速发展"，"假如你是一个打击乐手，你必须在毫秒级的时间内完成一次击打"。

资料来源：https://en.wikipedia.org。

接入和搜索使互联网具备了普及每一个人的技术条件，开启了消费互联网商业应用的繁荣期。1994年杰夫·贝佐斯（Jeff Bezos）的亚马逊（Amazon）上线销售电子书，eBay则在1995年开始网上拍卖以及便利线上交易的电子支付。技术铺路，商业助推，互联网用户数呈现出病毒式增长。

杰夫·贝佐斯，1964年出生于美国新墨西哥州，幼时即表现出对科技的浓厚兴趣，他曾操控一个电子钟将他的小表弟反锁在房间外，他也曾把父亲的车库改装成实验室。高中时他加入佛罗里达大学的"学生科技训练项目"，毕业时荣获美国优秀学生奖学金，入读普林斯顿大学，获得电机工程以及计算机科学的学士学位。贝佐斯大学毕业后在华尔街从事金融工作，当他偶然看到一个数字——2 300%时，这是互联网使用人数的增长率，他激动万分，便毅然辞掉收入稳定而富足的工作，决心投身互联网行业，希望获得像微软那样的成功。1995年贝佐斯从纽约搬到西雅图，用30万美元的启动资金，在郊区租来的车库中创建了全美第一家网络零售公司——亚马逊（最初名叫Cadabra）。随着网上书店的成功，亚马逊开始涉足音像、医药、宠物、家居、网络拍卖等众多领域。

当传统的图书出版商申请接入亚马逊的线上销售系统时，亚马逊开发出了API（application programing interface），并于2002年推出Amazon Web Services（AWS），为外部厂商提供诸多线上开发服务，这是云计算的滥觞。2006年3月，亚马逊简易储存服务上线，标志着云存储的商业化。2019年初，亚马逊公司一度成为市值第一大公司，超过苹果、微软，市值高达7 970亿美元。

资料来源：https://en.wikipedia.org。

社交媒体与互联网新技术

面对高速扩张的互联网，人们自然会想象，迟早有一天网络要将地球上所有的人连接起来。这一想象正在变成现实，社交媒体的出现使这一天提前到来。

2003年，哈佛大学本科生马克·扎克伯格（Mark Zuckerberg）创办了一个网站Facemash，哈佛学生上传自己的照片，在网上评比看谁更帅或更漂亮。几天后网站即被学校关闭，理由是侵犯版权和个人隐私。在学校撤除了这些指控后，扎克伯格扩充了网站，在艺术史期末考试之前上传艺术图片和评论，帮助学生应付考试。2004 年扎克伯格注册成立脸书公司，第一笔投资来自 PayPal 的联合创始人彼得·蒂尔（Peter Thiel）。2012 年上市，公司市值高达 1 040 亿美元，创造了当时的股票首次发行纪录。2018 年 4 月，脸书公司的活跃用户数达到惊人的 22 亿，占世界总人口的 30%，同年中国腾讯微信月活跃用户为 11 亿，两家社交媒体即囊括了接近一半的世界人口，人类真正进入了地球村时代。

讲到互联网的历史，史蒂夫·乔布斯是一个不可遗漏的名字。2007 年苹果公司推出触屏智能手机 iPhone。由于完全抛弃了键盘，这款手机有着比当时同类产品都大、显示清晰度更高的屏幕，台式电脑操作系统演变而来的手机操作系统 iOS 可方便地驱动触屏，并使手机具备了多数网上操作的功能。iPhone 标志着移动互联网时代的到来，苹果公司于 2010 年发布屏幕更大、功能更加齐全的 iPad，更进一步。今天人们用到"互联网"一词时，在大多数场合下，实际指的就是"移动互联网"。

人　物

史蒂夫·乔布斯，改变世界的美国创新企业家。1955年生于旧金山市，父亲是在威斯康星大学攻读博士的叙利亚人，母亲是有瑞士-德国血统的同校学生。小史蒂夫诞生之际就被加州的蓝领工人保罗和克拉克·乔布斯夫妇收养，条件是必须保证婴儿未来的大学教育。乔布斯1972年入读里德学院，1974年和同学一道去印度寻求精神启蒙，在那里研习了禅宗，自此终生践行不辍。1976年他和沃兹尼亚克（Stephen Wozniak）创办苹果公司，于次年推出 Apple II——世界上第一款量产的个人电脑，配有鼠标和图形用户界面。1985年乔布斯离开苹果创办 NeXT，将以太网、多媒体、数字等技术融入电脑，虽然没有取得轰动的商业成功，但为他回到苹果后的创新爆发做了多方面的准备。1997年苹果与 NeXT 合并，乔布斯重掌他亲自创立的公司，以令人眼花缭乱的速度接连推出 iMac、iTunes、iTunes Store、Apple Store、iPod、iPhone、App Store、iPad，成为世纪之交最具创造力和影响力的企业家。2003年乔布斯被诊断出患上胰腺癌，2011年10月去世。乔布斯生前曾说："我想在宇宙中留下一点痕迹。"他做到了。

资料来源：https://en.wikipedia.org。

如同铁路车辆的调度需要快捷的通信工具，由此而催生了电报，互联网的广泛使用和海量数据的处理要求更大的数据存储空间和运算能力，云计算技术应运而生。2006年8月亚马逊成立子公司Amazon Web Service（AWS），发布弹性计算云（Elastic Compute Cloud 2，EC2）。亚马逊推出云服务带有偶然性，有一种说法是当初为了给大量的电商冗余IT能力寻找出路。㊀零售有很强的季节性，订单处理、仓储物流、计算机软硬件的能力必须按照高峰期的销售量来配置，最大销量通常出现在圣诞节前，圣诞节一过，如何利用闲置能力就成了管理层头痛的事情。既然闲着，何不出租？云的概念由此而来。又一说是贝佐斯为了打破公司技术部门对资源的垄断，为每个研发团队分别配置了计算能力，以鼓励他们进行创新。㊁

无论真实情况如何，这项技术一经问世就显示出巨大的市场潜力。2008年4月谷歌发布Google App Engine，2010年2月微软启用Azure，形成美国云计算三足鼎立的格局。国内三大云服务商为2009年创建的阿里云、2010年正式开放对外服务的腾讯云，以及2011年揭幕的华为云。

㊀ https://www.dataversity.net/brief-history-cloud-computing/.

㊁ Brad Stone. The Everything Store: Jeff Bezos and the Age of Amazon[M]. London: Little, Brown&Company, 2013: 211.

有了云计算，公司、机构和个人不必再为服务器或电脑的有限资源而发愁。从理论上讲，人们只需要一个键盘和一块显示屏，通过移动互联网接到网（也就是"云端"）上，在那里调用近乎无限的存储和计算能力，按照使用量的多少付费给云计算服务商，而不必自己投资建设数据中心和机站。云计算是互联网时代的基础设施，相当于电力时代的用户接入电网获取电能，而不必自建发电厂和输电线路。

一般认为，互联网的中国先行者可以追溯到北京计算机应用技术研究所的钱天白先生，他在1987年9月14号发出中国的第一封电邮："越过长城，我们可以触达世界的每一个角落。"1989年中国开始建设四大国家级骨干互联网络，1994年全面接入国际互联网。1995年张树新创立首家互联网服务供应商——瀛海威，标志着互联网进入寻常百姓家，用户可以利用普通电话线拨号上网。1996年麻省理工学院博士张朝阳创建爱特信——搜狐的前身；1997年丁磊设立网易公司，推出中文搜索引擎；1998年马化腾等5人成立腾讯公司（T）；1999年马云等18人创建阿里巴巴（A）；李彦宏则在2000年创建百度（B）。BAT的故事相信读者耳熟能详，我们在这里就不再赘述了。

回顾网络的前世今生,我们怎样评价网络在人类文明进程中的意义?电子支付公司 PayPal 的创始人之一彼得·蒂尔将技术创新分为两类:从 0 到 1 以及从 1 到 N。以笔者的陋见,蒸汽机和铁路网,或许还要加上轮船航线组成的海运网,是当之无愧的从 0 到 1,对人类生产方式和生活方式的冲击远超今日的电脑加互联网。第一次使用非自然力,蒸汽机和铁路网将人类从传统农耕文明带入现代工商文明。电力网虽然也是一个飞跃,但仍属于化石燃料能量传输的从 1 到 2,从火车运煤、燃烧释放能量,到烧煤发电,再由电网输送能量。

电报是通信技术的从 0 到 1,通信第一次超越人类感官所及的范围,在此之前,人类眼观长城烽火,耳听渔阳鼙鼓,只能做短距离的和简单的信息传递。如果电话可以算作通信的从 1 到 2,电视是从 2 到 3,那么互联网是从 0 到 1,还是从 N 到 $N+1$?互联网是否开启了一个全新的时代?如是,是一个本质上有什么不同的时代?这些问题我们留给读者在阅读本书后思考。

在现实世界中,我们看到了互联网的强大威力,也看到了它给我们生活带来的巨大变化。然而第二次世界大战以来有很多里程碑式的技术创新,例如原子能、激光和基因工程等,为什么都没有像互联网这样令人惊奇和着迷?各种技术的社会反响与它们的实际效能并不总是一致的,原因之一是产品的大众曝光度。电商和社交平台把互联网送进了千家万户,原子能则天生寂寞,至今没有一款用到它的消费品,或许电力除外,但消费者也无法区分是原子能发电还是常规的燃煤发电。与此相类似,几乎所有的电脑使用者都知道微软的 Windows,而英特尔 CPU 的知名度则远远低于微软,尽管软件和硬件同等重要。不知从什么时候开始,英特尔在每一台使用其 CPU 的微型机外面都贴上了 Intel Inside 的标签,提醒人们注意它对电脑技术的贡献。

当然,互联网触达亿万人的能力并非只靠幸运,它创造了一个前所未有的虚拟空间,将规模效应和网络效应放大到了前所未有的程度。我们在下一章介绍规模效应,在第 4 章推导网络效应的公式,用以分析各种各样的互联网应用。

小结

早期互联网的技术发明者多为政府和学术机构的研究人

员,互联网的商业应用则由市场上的企业家扮演了主角。约瑟夫·熊彼特依此区分了发明与创新,定义创新为技术的大规模商业应用。[一] 如果说美国政府的资助培育了互联网技术,1995年取消对互联网商业应用的所有限制,则是创新层出不穷的关键因素。

[一] 约瑟夫·熊彼特.经济发展理论[M].王永胜,译.北京:商务印书馆,2011:98-99.

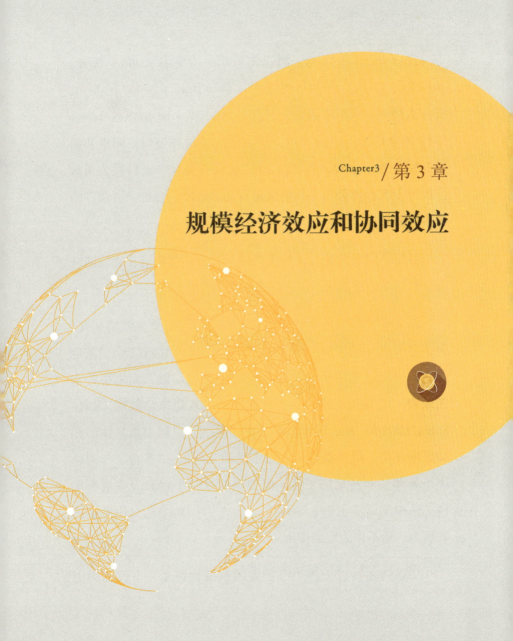

Chapter3 / 第 3 章

规模经济效应和协同效应

2017年11月20号,腾讯市值第一次突破5 000亿美元。2018年1月25日,阿里巴巴的市值也达到了5 000亿美元,折合人民币3.3万多亿元,相当于2017年中国GDP的3.7%。2017年全球十大市值公司,前五名均为科技公司,阿里和腾讯分别位列第七和第八。而10年前仅有微软一家科技公司入围世界十大市值公司,其余都是石油、电器、金融、通信等传统行业公司。

科技公司成为新时代的天之骄子离不开互联网,互联网究竟有什么魔力造就了一个又一个巨无霸?

在分析互联网如何创造"奇迹"之前,需要先澄清词义。为了避免引起混淆和误解,我们刻意回避"网络效应""平台效应"这两个相当流行却没有准确定义的词语,而用**梅特卡夫效应**(Metcalfe Effect)替代前者,用**双边市场效应**(Two-Sided Market)表示后者。本书中"网络"一词专指具体的和特定的网络,例如铁路网、通信网和互联网;"平台"一词也用于具体的和特定的平台,例如微信社交平台和天猫电商平台。从中文语法上讲,"网络"和"平台"两个词只用做主语或宾语,而不作为定语使用。

互联网之所以成为当今世界的颠覆性技术,不仅因为网络特有的梅特卡夫效应，而且因为它同时具有传统行业的双边市场效应、**规模经济效应**（Economies of Scale）和**协同效应**；不仅因为它一应俱全，从而赋予互联网公司超越传统行业的可能性，并且因为这些效应在互联网所创造的**虚拟空间**中被放大到了前所未有的地步，令受限于物理空间的传统网络如铁路网和电话网望尘莫及。

经济效应的辨析是研究商业模式的基础，在第4章介绍了梅特卡夫效应之后，我们就在第5章对比电商和传统店商，指出赚取买卖差价的电商模式其实没有什么梅特卡夫效应，双边市场效应也较纯交易平台弱得多，分析互联网冲击下的零售业，主要看规模效应和协同效应。尽管电商拥有理论上无穷大的虚拟空间，只要涉及线下实物产品，它的规模效应和协同效应仍取决于物理空间。这意味着，电商与传统店商相比并没有多大的效率优势，零售业未来的格局因此是多业态并存，不大可能出现赢家通吃的局面。

下面我们就详解四效应之一的规模经济效应。

多多益善

西汉开国皇帝刘邦曾问麾下大将韩信：你带兵多少合适？

韩信回答：多多益善。意思是越多越好。刘邦又问：你如此能带兵，现在怎么成了我的阶下囚？韩信说：我会带兵，而您会管将。

多多益善就是规模效应。俗话说三军易得，一将难求，优秀将领属于稀缺资源。给韩信更多的士兵，让他的军事才能发挥到极致，可以取得更大的战果。同样的道理，商业中的规模效应也是通过规模的扩张，尽可能地放大企业核心资产或人力资源的效益。

规模效益取决于**成本结构**。企业的总成本由**固定成本**和**可变成本**组成，固定成本的比重越大，规模经济效益越好。什么是固定成本？顾名思义，不随产出数量变化的成本，例如厂房、设备、办公楼、电脑信息系统；可变成本则与产量高度相关，像原材料、能源和人工费用，等等。

为了进一步理解规模效应和成本结构的关系，我们构造一个简单的数值案例。假设一家企业的固定成本为1万元，不妨想象为价值1万元的一台冲压机床，一年折旧完毕，摊入成本。工人操作这台设备将2元一件的薄钢板压制成汤匙，为分析的方便，不考虑材料之外的可变成本如人工、能源等。当产量为1 000时，总成本等于固定成本加可变成本即材料费，

（10 000 + 2×1 000）= 12 000 元，单位成本为 12 000 / 1 000 = 12 元。如果产量增加到 3 000，单位成本降到（10 000 + 2×3 000）/ 3 000 = 5.3 元。当产量为 5 000 时，单位成本更低，只有（10 000 + 2×5 000）/ 5 000 = 4 元。单位成本随产量的增加而递减，在汤匙售价不变的情况下，销售每一汤匙的利润（价格减成本）随产量的增加而上升，这就是规模经济效益。

从这个例子可以看出，规模经济效益来自分摊到每单位产品上的固定成本的下降。不难验证，固定成本占总成本的比重越高，规模经济效益越好。假如固定成本等于 2 万元，可变成本仍是每件 2 元，产量为 1 000 时，平均成本是 22 元；当产量增加到 5 000 时，平均成本为 6 元，单位成本降低了 12 元。在前面的数值案例中，固定成本为 1 万元时，产量从 1 000 增加到 5 000，平均成本只降低了 12 - 4 = 8 元。

固定成本占总成本的比重越高，单位成本随产量下降的幅度越大，这也是为什么资本密集的钢铁、水泥、重型机械、重化工、汽车、家电等行业中，大型企业居于主导地位（见图 3-1）。这些行业的固定资产动辄几十亿、几百亿，甚至上千亿，只有产量达到一定规模，才足以分摊固定成本，实现盈亏平衡，产量一旦超过盈亏平衡点，大企业的利润迅速增加。

图 3-1　工厂设施与数据中心

注：服务器、存储器组成的数据中心是互联网公司的一项重要的固定成本，它们的经济属性和钢铁厂的高炉或水泥厂的转窑没有两样。

资料来源：https://en.wikipedia.org。

需要注意的是，固定成本并非一成不变，经济学教科书经常有这样的表述：固定成本短期不变，长期可变。这个表述不是很准确，影响固定成本的主要不是时间，而是产量和设计产能。如果一条手机生产线的设计能力是一年10万部，当产量超过10万，比如说达到11万时，厂家就要投资另建一条线，固定成本因此而陡增。互联网公司也是这样，在流量和数据量大到现有数据中心无法承接时，必须投建新机房，购买更多服务器。画成图像的话，横轴是产量，固定成本是一条阶梯形上升的折线。

对比之下，餐饮、零售等行业不需要多少固定资产投资，房屋店面都不必自己拥有，租用即可，因而对经营规模的要求比较低，小餐馆、小商店遍地开花，小本生意也可赢利。

规模经济效益的另一表达是**边际成本递减**，即产量越大，新增1单位产出的成本越低，第 $N+1$ 吨钢的成本低于第 N 吨钢，第 $N+2$ 吨又低于第 $N+1$ 吨，依此类推。边际成本递减意味着**边际收益递增**，产量越大，新增1单位产出的收益越高。

互联网和钢铁、汽车等传统行业一样，具有明显的规模经济效益，网站一旦建成，办公楼、服务器、系统软件、水电费，甚至维护和更新网站的人员薪资都是固定成本（见图3-1），因为这些成本与互联网公司的产出无关。互联网公司的产出是它卖出的电子游戏、电子书、电子支付、订餐、电视等商品和服务,销售量在很大程度上取决于网上的客户数,而网上新增加一个客户的成本不仅是递减的,而且实际上很可能接近于零。

互联网的规模效应和钢铁厂没有本质的区别,只不过它的边际成本更低,规模经济效益更为显著而已。钢铁厂增加一吨的产量,起码还有矿石的成本、运输的费用和冶炼一吨钢的能源消耗,在网站上增加一个客户几乎没有成本。腾讯的一款电子游戏开发成功,网上可以有百万、千万人下载而不会增加腾讯的成本。淘宝网上已有四亿活跃用户,第四亿零一个客户登录购买商品,不会给淘宝带来任何额外的负担,也就是边际成本近乎为零。

边际成本为零,是否意味着消费不要钱?事实上大多数网站的确是免费的,而且根据一个著名的经济学定理,最优市场价格应该等于边际成本,既然边际成本等于零,价格也应该等于零,据说这样不仅企业的利润而且社会福利也最大化了。于是有人开始憧憬未来的美好社会,并写了一本颇为流行的书《零边际成本社会》[一],近来大热的"共享经济"也与此有关。该书作者乐观地预言,互联网的边际成本虽然现在还不等

[一] 杰米里·里夫金.零边际成本社会:一个物联网、合作共赢的新经济时代[M].赛迪研究院专家组,译.北京:中信出版社,2014.

于零，快速的技术进步将使那一天很快到来。不仅如此，物联网和新能源的普及将使物质产品的边际成本趋向于零。

十分不幸的是，即便有朝一日边际成本真的等于零了，零价格的美好社会也是可望而不可即的海市蜃楼。为什么呢？难道经济学定理错了吗？与其说定理错误，不如说是片面表达的误导。完整的经济学表达应该是：如果**忽略固定成本**，社会最优价格等于边际成本。[○]现实世界中的问题是企业不可能忽略固定成本，其产品价格必须覆盖固定成本，否则无法回收厂房、设备的投资，互联网公司无法回收网站建设的投资。不能回收投资，世界上也就不会有企业。关于这个问题的深入讨论，我们留在第 8 章展开。

与规模效应类似又不尽相同的是协同效应，区别在于前者和单一产品的数量相关，而后者取决于品种的丰富程度。

从百货大楼到"万物商店"

协同效应虽然也依赖规模，但它源于品种增加所带来的收入，而不是单一产品平均成本的下降。人们熟知的百货商店即

○ 或者说边际成本定价法只适用于已建成企业的经营，而不适用于新建企业。对投资新企业需要做总量分析而不是边际分析，目标是最大化投资回报，即总收益和总成本之差。

有明显的协同效应，百货大楼的建设投资代表一笔固定成本，入驻的商家越多，大楼的利润越好，因为除了谈判、考察所消耗的人力，新增一个商家的成本可以忽略不计，新增租金收入基本上就是百货大楼的利润。

百货大楼容纳商家的能力受到物理空间的限制，而互联网的虚拟空间几乎是无限的，前所未有地放大了协同效应。一幢大楼可进驻几百个商家，最多以千计，而淘宝一个网站上就有1 000万家商店！

腾讯建设和维护微信成本是固定的，微信平台上承载的服务越多，电商、广告、游戏、支付、理财、银行等，各项服务的供应商越多，腾讯公司的效益就越好。苹果公司的协同效应体现在数以百万计的App上，新增一个App，比如说爱奇艺，并不消耗苹果的任何资源，却给苹果带来新的收入，即爱奇艺支付的平台使用费。当然，羊毛出在羊身上，最终埋单的还是爱奇艺的用户，消费者成为付费会员后，才能下载它的一些音像产品。免费的音乐和视频虽然也有，但消费者必须先看一两分钟烦人的广告，做广告的商家构成爱奇艺的另一重要收入来源。

商家之间的协同也不可忽视，百货大楼里热销的新款跑步鞋有可能带动邻近帽子店的销售。在京东上买了手电，顺便再下单订两节电池。商品种类越是齐全，客户购买的便利性体验越好，百货公司或电商的收入也就越高。

强大的规模效应和协同效应还不是故事的全部，互联网的核武器是下一章介绍的双边市场效应和梅特卡夫效应。双边市场效应来自供给和需求的相互促进，滚雪球般的市场扩张使互联网公司的体量迅速超越传统企业，而梅特卡夫效应让一般企业难以想象的指数型增长成为可能。这四种效应的叠加造就了亚马逊、谷歌、腾讯、阿里巴巴等大型公司，它们以令人眼花缭乱的速度强势进军各行各业，从制造、零售到金融、医疗、媒体和娱乐，几乎无处不在（见图3-2）。

亚马逊卖书、卖货，现在卖"云"——线上存储和计算服务；谷歌造汽车、做眼镜——不是一般的近视镜，而是战斗机飞行员头盔上AR视镜的民用版；腾讯通过投资涉足众多领域，所投公司的价值已超过自身市值。互联网大潮汹涌而来，不仅让现有企业感受到前所未有的危机，而且使创业者望而生畏。"赢家通吃"，"大树底下寸草不生"，除了投靠这个系那个系，企业，特别是身处传统行业的中小企业，还有生存的空间吗？

图 3-2 亚马逊主页与传统百货商店

注：亚马逊的贝佐斯提出要做"万物商店"（the Everything Store），公司主页上显示的商品分类表明，公司创始人所言不虚。点开每一商品类别，可以发现成千上万的产品和厂家。互联网平台产生巨大的协同效应，传统百货商店望尘莫及。

资料来源：https://www.amazon.cn；https://www.sina.com.cn。

知彼知己，错位竞争

恐慌源于不知彼，迷茫皆因不知己。

实际上，笔者写作本书的初衷就是运用经济学原理，分析互联网现象和商业模式，辨识互联网的种种效应及其产生的条件，在什么条件下哪些效应发挥什么样的作用，在什么条件下这些效应衰减乃至消失，以理性认知为基础，既要充分估计这项新技术的冲击和潜力，也要避免盲目跟风和模仿。

以规模效应而论，它的前提是完全相同的产品或服务，**差异化**产品——哪怕稍有不同，就有可能阻断规模效应的蔓延。在百度称霸的国内网上搜索市场中，同时存在着钢铁、化工等行业的垂直搜索网站，细分市场的差异化防止了赢家通吃。垂直搜索公司长期在一个行业中耕耘，对客户更为了解，开发出更适合客户需求的网页和搜索方法，并利用多年积累的专业知识，有针对性地收集、组织和发布数据，形成行业内对通用搜索的效率和体验优势。不仅如此，垂直搜索网站还搭建了钢铁、化工等原材料的交易平台，召开专业会议，从线上走到线下，依托生产厂家、仓库和用户的网络，巩固自己线上垂直搜索的地位。通用搜索当然可以凭借资金与流量的雄厚实力，收购垂直网站，但那将面临业务、IT 系统和团队的整合难题，毕竟这个世界上失败的并购远远多于成功的。

脸书在社交网络方面拥有压倒性优势，活跃在专业人士中的领英（Linkedin）不仅没有缴械投降，而且越办越好，诀窍同样是细分市场中的差异化服务。国内微信在社交媒体方面的地位类似于脸书，它也不能一枝独秀，具有类似社交功能的微博与它并立，两者既竞争又互补，微信着眼于小范围的互动交流，微博则可以做大面积的信息发布。

如果不能差异化，公司的实力再强也难以动摇先发者的优势。腾讯曾经试图挑战新浪微博在信息发布和社交上的领先地位，于2010年推出腾讯微博，投入大量的人力和财力争夺用户，最终因收效甚微而不得不在2018年放弃。赶超之难在于新浪微博的免费使用，而客户迁移到腾讯微博却是有成本的，迁移成本不只是下载和熟悉新软件所花费的时间，还有新浪微博上关注的对象和粉丝的损失。2011年腾讯发布与微博不同的微信，这才打开一片新的天地。微信的崛起并不意味着微博的末日，用户注册微信的同时保留了微博，因为两者存在差异，无法完全相互替代。

眼看微信火爆，阿里不甘落后，于2013年隆重推出自己的社交产品"来往"，不料却重蹈前人同质化的覆辙。来往被疑为是微信的姊妹版，连 Logo 看上去都似曾相识（见图 3-3），完全不能撼动微信的根基。待到阿里另辟市场，于 2015 年正式发布面向企业的沟通平台"钉钉"，方大获成功，在社交媒体的竞争中扳回一城。

钉钉　　　　来往　　　　微信

图 3-3　猜猜它们代表什么

注：来往的 Logo 似乎暗示了它所遭遇困难的根源：不能在市场上定义自己。钉钉采用截然不同的图案，给人耳目一新的感觉。当然，钉钉成功的关键是与微信的错位竞争。

资料来源：https://www.dingtalk.com；https://www.laiwang.com；https://weixin.qq.com。

国画大师齐白石曾对弟子说："学我者生，似我者死。"商业之道与艺术相通。企业需要认真学习互联网公司的技术、营销方法、商业模式的新思路，但又不能照抄照搬，即使模仿也要有创新。创新的目的是提供差异化产品，化解大公司的规模优势。如前所述，规模经济效应的前提是完全相同的产品或服务，取得先发优势的大公司依仗接近于零的边际成本，长期用零价格也就是免费使用的策略打压潜在的挑战者。如果挑战者引入差异化产品，大公司要么看着自己的用户流失，要么投入资源开发性价比更高的类似产品,以便留住客户。这样一来,大公司的边际成本不再为零,规模经济效应因此会被削弱,削弱到什么程度取决于挑战者的产品在市场上的受欢迎程度。

规模不可怕,可怕的是同质化,是缺乏创新的能力。

互联网公司理论上的无穷大虚拟空间也不可怕,除了音频、视频、软件等可在线上传输的产品,互联网公司并未从虚拟空间获得无穷大的协同效应。凡是线下交付的产品和服务,边际成本非但不为零,而且有可能是递增的。以电商为例,虽然在亚马逊平台上增列一个品种的边际成本近乎为零,但满足客户订单需求的成本不等于零。亚马逊先向供应商购买,再转卖给客户,买卖的差价是亚马逊的利润,当差价为负时则出现亏损。亏损的商品挂在网页上,从长期来看是没有意义的,电商的销售品种数量以及协同效应受到线下市场供给和需求的限制。

一旦到了线下,电商的协同效应优势可能变成它的劣势。云中的飞鸟落到地面和走兽竞争,它有多少胜算呢?电商的品种越多,单品的平均采购批量越小,而批量越小采购价格越高,因为在小批量生产的情况下,供应商自己的原材料采购、生产、配送等环节上没有规模效益。换句话说,互联网公司的规模效应和协同效应在相当大程度上取决于**供应商的生产规**

模**，而不是互联网公司的**客户规模**。

电商由此落入一个无解的悖论，为了充分利用虚拟空间的优势，大力开发所谓"长尾商品"，即种类多而每类批量都很小的商品（详见第5章）。另一方面，小批量商品的采购成本高，而销售价格又受到传统零售业的压制，不能相应提高，长尾商品因此很少能赚钱，经营品种越多亏损越大。大型电商长期不赢利，其中的一个主要原因正在这里。零售的第一个环节是采购，"万物商店"的思想让电商输在了起跑线上。

看清这一点，在电商大兵压境的形势下，传统零售商不必灰心丧气，充分发挥自己在某些品种（即 SKU，定义见第5章）特别是头部商品上的规模优势，"头部"意指品种相对较少但每一品种的批量都比较大。恰恰因为线下的物理空间受到限制，传统零售商具有抵制"万物商店"诱惑的天然倾向，它们不断优化品种，淘汰亏损的长尾，聚焦可赢利的头部，若再能围绕电商难以提供的线下体验开展特色经营，和电商形成竞争-互补的关系，继续占有零售业的一席之地是完全可预期的。

孙子兵法有云：知己知彼，百战不殆；不知彼而知己，一胜一负；不知彼，不知己，每战必殆。商场如战场，古人的智慧并未过时。知己知彼，不仅有助于中小企业找到和坚守自己的定位,也有助于互联网巨头找到和坚守自己的边界。子曰:"从心所欲不逾矩。"我们不妨将"从心所欲"解释为企业家特有的市场直觉和冒险精神,而"矩"则来自经验的总结和理性的思考。

"阳光下没有新鲜事",运用经济学的原理和分析方法,我们能够解释互联网世界中的种种现象,即使对于看似更为神奇的梅特卡夫效应,我们在下一章中也可发现清晰可循的规律。

小结

互联网的规模经济效应和钢铁、水泥等传统行业没有什么不同,都是由成本结构决定的,区别是在互联网的虚拟空间中,规模效应似乎可以趋向无穷大,市场上流行"赢家通吃"和"大树底下寸草不生"等说法,反映了人们一种谈"虎"色变的心理。实际上,互联网在虚拟空间中的规模效应不可能无穷大,因为它的固定成本也是阶梯上升的。更重要的是,只要涉及线下操作(例如零售电商),虚拟空间中的规模效应就必然受制于物理空间。阻止大企业规模效应无限延伸的一个有效方法是差异化竞争,哪怕差别不大,后来者或弱小者都能够赢得生存和发展的机会,就像腾讯和微博在社交媒体上的竞争所表明的那样。

Chapter4 / 第 4 章

梅特卡夫效应和双边市场效应

本章是全书的理论基础，虽然显得有些枯燥，鉴于其重要性，请读者和我们一道耐心地做一些简单的逻辑推理，以便深入理解互联网的商业性质。

人们很早就意识到网络的力量。1844 年，发明家塞缪尔·莫尔斯（Samuel Finley Breese Morse）上书美国众议院，大力推介他的有线电报技术，几经周折之后，政府最终同意出资 3 万美元建设巴尔的摩和华盛顿之间的一条试验线路。1845 年 4 月 1 日这条线路正式对公众开放，经营结果惨不忍睹，开业后头四天的收入是 1 美分，第五天进账 12.5 美分，三个月累计收入 193.56 美元，而运营成本则高达 1 859.05 美元。㊀公众和政府迅速丧失了对电报的兴趣，有人认为这不过是个新鲜玩意儿，或者更坏，是一场精心策划的骗局。

在嘲讽和反对声中，莫尔斯坚定地相信这项革命性通信技术的前景，他认为必须建立大规模的网络，增设站点，充分显示电报技术的效能，才能克服传统和惯性对新技术的抵触和阻碍。站点越多，就近发电报越方便，使用的人就越多；使用的人越多，电报公司的收入越好，越有能力投资建设更多的线路

㊀ 汤姆·斯坦迪奇. 维多利亚时代的互联网 [M]. 多绥婷, 译. 南昌：江西人民出版社, 2017.

和电报站点。供给和需求之间形成相互促进的良性循环，这就是我们在下面将要介绍的"双边市场效应"。莫尔斯设想遍布全球的电报网络，将所有国家连接起来，这一超前的设想在一百多年后的互联网时代变成了现实。

在从政府申请经费迟迟未果之后，莫尔斯不得已转而与民间商界合作，创建了磁力电报公司，从1845年秋天开始，动工架设纽约到费城、波士顿、布法罗、新奥尔良的电报线。持续的努力和电报带来的"奇迹"——包括两名棋手在相隔几十英里⊖的两座城市中通过电报对弈，使人们对电报的态度从怀疑变成了狂热。两年之后，美国的电报线路增加到2 000英里，1850年进一步上升到12 000英里，由多达20家的电报公司经营。⊜

莫尔斯对网络的直觉被20世纪的工程师和经济学家所证实，罗伯特·梅特卡夫（Robert Metcalfe）给出了描述网络节点互动的定量公式，经济学诺奖得主梯若尔与合作者奠定了网络双边市场效应的理论基础。梅特卡夫效应和双边市场效应都具有收益递增的性质，互联网公司因此而如虎添翼。

⊖ 1英里约为1.6公里。
⊜ 汤姆·斯坦迪奇. 维多利亚时代的互联网[M]. 多绥婷，译. 南昌：江西人民出版社，2017.

人 物

塞缪尔·莫尔斯（1791—1872），美国画家和发明家，早年接受艺术教育，并以绘画为职业。1825年他外出旅行时，年轻的妻子在家突然患病去世，消息传递迟缓，莫尔斯赶回家中时已人去楼空，被悲痛击倒的他由此萌发了创造长途通信技术的念头。1832年10月，莫尔斯在萨丽号邮船上与电学博士杰克逊攀谈，后者用马蹄形磁铁和电池当场演示了电磁感应现象。"这真是太神奇了！"莫尔斯看到了一个奇妙无比的新天地。在他41岁那年，莫尔斯干脆放弃了绘画职业，转而研究电学。1844年，在座无虚席的华盛顿国会大厦里，莫尔斯用激动得有些颤抖的双手，操作倾十余年心血研制成功的电报机，向巴尔的摩发出世界第一条商业线路上的第一份电报："上帝创造了何等的奇迹！"

资料来源：https://en.wikipedia.org。图片由马修·布雷迪（Mathew Brady）拍摄于1857年。

梅特卡夫效应

除了第 3 章介绍的规模经济效应和协同效应，网络具有独特的梅特卡夫效应。鉴于梅特卡夫效应是理解各类互联网商业模式的关键，我们借助一个简单的概念模型，推导出梅特卡夫效应。与成本结构决定的规模效应和协同效应不同，梅特卡夫效应源自网络用户之间的互动，这个概念模型可以清晰地展示这种互动。

让我们设想一家电话公司投资 9 元，架设 a、b 两人之间的一条电话线（如图 4-1 中的粗实线所示），两人每月的通话费为 10 元，公司的利润为 1 元。我们在这里略去了除投资之外的所有成本，以便尽可能地保持分析的简洁。如果公司想扩大经营规模和经营收入，决定增加 b 和 c 之间的一条线，b 和 c 的通话将给公司带来 10 元的收入。公司的收入翻番至 20 元，但成本也翻番到 18 元，利润 2 元，都是同幅度线性增长。如果公司想进一步扩大规模，是否要投资再建新线呢？不一定。

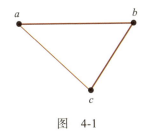

图 4-1

公司这时发现，可以利用两条线路实现 a、b、c 三点之间的通信，而不必架设 a 到 c 的线路（图 4-1 中的细线）。公司只需在节点 b 安装一台电话交换机，当 a 和 b 通话时，交换机阻断来自 c 的呼叫，以避免干扰 a 和 b，当 a 和 b 的讲话结束后，交换机再连接 c 和 a。公司以两条线路的成本 18 元，产生 3 倍也就是 30 元的收入，如果忽略交换机的成本，利润为 30 − 18 = 12 元。换句话说，当节点数从 2 增加到 3，也就是增加了 50%，收入和利润分别涨了 3 倍和 12 倍！感受到网络的魔力了吧？在经济学中，我们称这一现象为"**边际收益递增**"，意思是每一新增节点的收益不断上升。即使电话交换机是有成本的，也比建一条 a 到 c 的线路要小得多，不会因此颠覆边际收益递增的结论。

让我们继续这个脑力游戏的推理，电话公司再架设一条从 c 到 d 的线路，三条线可以使 6 对客户通话，即 ab、ac、ad、bc、bd、cd（见图 4-2），公司的收入增长 (60 − 30) / 30 = 100%，而成本只增加了 (27 − 18) / 18 = 50%，边际收益递增的特征就是收入上涨得比成本更快。

推而广之，如果有 n − 1 条线连接第 n 个客户呢？在这 n 个人当中，两两通话的可能性有多少？这是一个组合问题，由中学数学知识可知，有 n(n − 1) / 2 种可能。如果 n = 10 则有

45 对节点通话，当 $n = 100$ 时，两人组合的数目达到 4 950，即电话线路增加 10 倍，而话费收入增加 (4 950 − 45) / 45 = 110 倍！电话公司的收入或者网络的价值随用户数呈**指数增长**，这个关系被称为梅特卡夫定理，用公式表达如下

$$V_M = k_1 \cdot n^2 \qquad (4\text{-}1)$$

式中，V_M 代表具有梅特卡夫效应的网络价值，k_1 是个常数，n 是网络节点或网络用户数。

图 4-2

读者需要注意，梅特卡夫定律不是物理学意义上的精确定律，而是从大量观察中得出的统计学意义上的近似公式。2015 年，中国科学院的三位研究人员分析了脸书和腾讯的实际数据[⊖]，证明梅特卡夫定律是成立的，互联网公司的市场价值的确与网络节点数的平方成正比。

⊖ https://link.springer.com/article/10.1007/s11390-015-1518-1.

人物

罗伯特·梅特卡夫（1946—），出生于纽约布鲁克林，麻省理工学院的电机工程和商业管理学士。1973年，梅特卡夫发明了以太网——短距离联通电脑的技术标准。他在1979年成立电脑网络设备制造公司3Com，1980年，因以太网获得美国计算机协会颁发的Grace Murray Hopper奖。梅特卡夫1990年从3Com退休，转而发行InfoWorld杂志并为杂志撰写专栏文章。他于2001年成为一家风险投资基金的合伙人，2005年获美国全国科技奖章。

资料来源：https://en.wikipedia.org。

在运用式（4-1）时特别需要注意的另一点是，用户数的增加并不自动增加公司的价值，V_M仅给出一个网络的理论或潜在价值，而不是市场上的实际价值。网络的市场价值取决于用户之间互动的活跃程度、互动产生的交易，以及互联网公司从互动和交易中获得的收益，例如广告费或交易佣金。在互联网投资圈里，基金经理们经常谈论活跃用户数和用户数的增长，其实最终决定价值的是用户的**互动方式**以及互联网公司的**商业模式**。只关注活跃用户数而忽视商业模式,创业公司往往"赔本赚吆喝"。不计成本和收益,一味追求用户数的增长,场面上热热闹闹,公司亏损却越来越大,不得不依靠一轮又一轮的外部融资维持生存,输血一旦中断,公司便只有关门大吉。

所谓商业模式就是怎么赚钱,赚不到钱或者看不到赚钱的希望,市场不会按照式(4-1)给网络公司估值。这也是为什么互联网公司经常在网上举办各种各样的活动,激发用户之间的互动,从而增加公司的收入。新浪在 2011~2015 赛季,以每年 600 万元人民币的价格购买了中超足球联赛的视频版权,并于 2015 年开始运营篮球黄金联赛。根据 2017 赛季的不完全统计,篮球黄金联赛全年微博话题量接近 10 亿,视频播放量 5 亿,超过 1 000 万人在新浪网和微博上观看比赛,参与讨论、点赞、转发。举办和播放热门的体育赛事,促进用户互动,用户虽然没有为内容和网上交流付费,他们的积极参与使新浪可以触达更多的人,在新浪上投放的广告能被更多的人看到,新浪就可以向厂商收取更高的广告费。

如果说互联网的特征就是梅特卡夫效应的话,这一效应却并非互联网所独有,铁路网或公路网同样具备梅特卡夫效应。想象图 4-2 为铁路,我们不必修筑 a 点到 c 点的直接线路,从

a 经 b 到 c，即可将货物货旅客从 a 运送到 c，需要增加的仅仅是 b 点上扳道岔的设施和工人，将列车从 ab 段导入 bc 段，或者在 ab 段上有车时，设定从 c 点发出列车的时间，防止出现撞车事故。铁路上的道岔相当于电话网络中的交换机，与电话网络不同的是，火车行驶需要时间，当 ab 线被占用时，从 c 到 a 的列车不能通过，必须在某地等候错车，而从 a 到 b 的电话信号可瞬间到达，只要 a 和 b 挂上电话，c 就可以和 a 或者 b 通话。列车行驶需要时间，弱化了铁路的梅特卡夫效应，但这只是量上的差别，并没有从根本上改变一个事实：铁路的商业收益比线路建设成本增加得更快，铁路的边际收益也是递增的。

通信网络的特点在于 a 和 c 的连接不影响或很少影响其他节点，使用交换机即可实现多个用户之间的电话信号在一条线上的同时传输，互联网甚至不用交换机就能做到这一点，因而它的梅特卡夫效应较电话网络更强，尽管性质上并没有根本的不同。

值得一提的是中国公司对网络估值方法的贡献，腾讯创始人之一曾李青提出了扩展的梅特卡夫定律，表达为

$$V_Z = k_Z n^2 / R^2 \qquad (4\text{-}1)'$$

式中，V_z 代表曾氏网络价值，k_z 是个常数，n 是节点数。依照曾李青自己的解释，R 类似于万有引力定律中的物体间距离，由节点连接的时长、速度、界面和内容四个因素决定。[一] 期待不久的将来，研究人员能用实际数据验证曾李青定律。

有意思的是，梅特卡夫从对互联网的观察中得出以他命名的定律，但并不是所有的互联网公司都具有梅特卡夫效应。这个强大的效应产生于节点间活跃的互动，对于某一类网络，互动仅发生在不同类别的用户之间，例如淘宝和天猫平台上，互动和交易仅在供应商和消费者之间进行，供应商和供应商之间鲜有交易，消费者和消费者老死不相往来。这类互联网平台的价值源于供应方和需求方的相互吸引和相互促进，遵循学术界的惯例，我们称之为**双边市场效应**。

双边市场效应

我们定义双边市场效应为：**不同类型用户之间正反馈交互所创造的价值**。请注意"不同类型用户"的限定，这意味着同类用户之间没有互动，双边市场效应因此弱于梅特卡夫效应。优步（Uber）等出租车服务平台具有很强的双边市场效应，打

㊀ http://www.360doc.com/content/14/1010/20/14872595_415885487.shtml.

车的需求越高，司机的预期收入越高，就有更多的司机加入优步网约车的行列。另一方面，司机和车辆多，打车就越是方便，并且随着供给的增加，价格会越来越低，于是会吸引更多的消费者。

和梅特卡夫效应一样，双边市场效应不是互联网所特有的，甚至不是网络所特有的。实际上，任何一个市场比如浙江义乌小商品市场都可以看到供给和需求的相互促进。采购者愿意去义乌，因为那里有琳琅满目的小商品可供选择。生产厂家愿意在义乌设点，因为那里有来自全国甚至全世界的众多采购者。就供给和需求之间的良性循环而言，义乌和优步没有本质的区别，只不过前者的规模受到物理空间的限制，而后者在互联网虚拟空间中有着似乎是无限的潜力。

区分双边市场效应和梅特卡夫效应是重要的，在双边市场中，并非任意两个节点都可能产生交互。在大多数情况下，同类用户无交互，如图4-3所示，约车平台上的司机 b_1 和 b_2 之间没有沟通，打车人 c_1 和 c_2 彼此素昧平生。4个节点只有4对可能的互动，即 b_1c_1、b_1c_2、b_2c_1、b_2c_2，而图4-2同样4个节点有6对可能的互动。对比图4-2和图4-3，我们可以清晰地从网络结构以及交互的丰富程度上看出梅特卡夫效应和双边市场效应的差别。

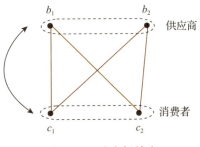

图4-3 双边市场效应

在互联网的商业模式中,用户分两大类是常见的现象,如图4-3中的供应商和消费者。爱彼迎(Airbnb)平台上有房东和房客两大类,美团外卖分为餐馆和消费者,天涯社区上的写手和读者,优步和滴滴平台上的司机和乘客,约会网站上的女士和男士(虽不排除同性约会,但同性或双性恋毕竟是少数)。

用户不分类别的是社交平台,如图4-2所示,节点互动线显然较双边市场密集,对于同样的用户数,社交平台的理论价值也高于双边市场。那么,应该怎样计算双边市场的网络价值呢?如果1个消费者从所有 m 个供应商那里购买产品,也就是有 m 个交易,2个消费者就存在 $m \cdot 2$ 个交易的可能,n 个消费者和 m 个供应商可能的交易有 $m \cdot n$ 个,如果平台能对每一笔交易收取佣金,则平台的收入或价值可表达为

$$V_P = k_2 m \cdot n \tag{4-2}$$

式中，k_2 是一个常数，m 是供应商数量，n 是消费者人数，V_P 是双边市场平台的理论或潜在价值。从这里往后，我们用 n 代表网络中的消费者节点数，除非另作说明，读者可以近似地认为 n 就是网络节点数。准确地讲，节点总数等于 $n+m$，只是因供应商数量 m 和 n 相比，是一个小到不影响基本结论的数字。

比较式（4-2）和式（4-1），不难看出，双边市场交易平台的价值远低于社交网络，因为在一般情况下，m 远小于 n，例如淘宝网上约有 1 000 万商家和 4 亿活跃用户，根据式（4-2）可知，$10^7 \times 4 \times 10^8 = 4 \times 10^{15}$，淘宝网的理论价值是千万亿级的；而微信有 10 亿用户，根据式（4-1），$10^9 \times 10^9 = 10^{18}$，它的价值是 100 亿亿级的，理论上为淘宝的 250 倍。

互联网的价值强度是用维数或阶数衡量的，式（4-1）是用户数 n 的平方函数，式（4-2）是 n 的线性函数，我们说梅特卡夫效应比双边市场效应理论上高一维或高一阶。平方函数和线性函数的区别如图 4-4 所示，当用户数 n 较小时，抛物线在直线之下，当 n 足够大比如说大于 n_1 时，抛物线超过直线，并且和直线的距离越来越大。我们还可以把直线想象为互联网公司的成本，随用户数线性增加，把抛物线想象为收入，随用户数指数增加，两者之差是利润，也随用户数指数上升。

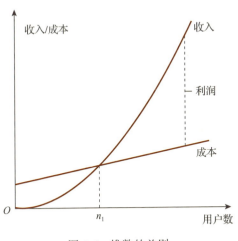

图 4-4 维数的差别

投资者青睐互联网公司,原因正在梅特卡夫效应驱动下利润的指数增长,传统行业哪怕是规模经济效益很强的公司,也很难有这样的诱人前景。投资者并不在意公司当下是否赢利,他们看重的是活跃用户数、流量,公司能否迅速扩大规模,什么时候越过 n_1,实现投资的超额回报。不看当前赢利的投资者经常被说成是炒作互联网概念,实际上,至少他们之中的有些人是在做理性计算,只不过是另类理性罢了。这样的投资方法当然有它的风险,那就是被投企业在达到 n_1 点之前,已然耗尽资源而倒下。

投资互联网概念的另一个风险是企业可能不具备任何梅特卡夫效应,甚至连双边市场效应都没有。

似是而非的互联网

电商是最早应用互联网技术的一个行业，我们这里所说的电商是亚马逊、京东那样的线上零售商，而不是 eBay、天猫等线上交易平台。亚马逊从厂家购买商品，再卖给消费者。消费者除了在网上查看商品，不和厂家打交道，他们下单给亚马逊，从亚马逊接收所购商品。图 4-5 中的电商 B 居中从 2 个供应商采购，卖给 3 个消费者，这些交易中获得的收益构成电商的收入和网络的价值来源。厂商和消费者之间没有互动与交易，这是和图 4-3 所示交易平台的一个本质区别。

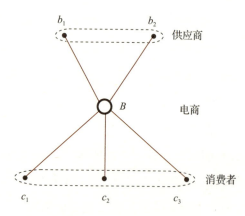

图 4-5　电商的网络结构

注：电商 B 从厂家 b_1、b_2 采购商品，卖给消费者，居中阻断了供应商和消费者的互动，无意间削弱了梅特卡夫效应和双边市场效应。

相对于交易平台，电商的优势在于供应链和物流管理，它为消费者筛选厂家和产品，严格控制产品品质，确保及时和准确的配送，代价是减少了用户之间的互动，牺牲了梅特卡夫效应和双边市场效应，因而降低了电商网络的理论价值。用公式表达为

$$V_E = k_3(n + m) \qquad (4\text{-}3)$$

式中，V_E 是电商网络价值，n 和 m 分别是消费者和厂家数量，k_3 是一个系数。

对比式（4-3）和式（4-2），n 和 m 从相乘变成了相加，节点互动的减少造成网络价值的进一步下降。对于同样的消费客户数 n，电商的网络价值远低于交易平台。在交易平台模式中，消费者数量 n 对平台的价值贡献被供应商数放大了 m 倍，如果 m 像淘宝那样是 1 000 万，有 n 个消费者的网络价值就被放大了 1 000 万倍。在电商模式中，即使供应商仍是 1 000 万，却没有价值放大的倍数作用，因为这些供应商不和消费者打交道，而只卖产品给亚马逊。在消费者眼中，供应商只有亚马逊一家。

和电商类似的是 P2P 金融平台，表面上看，平台连接了借债人和理财人，起码应该有资金需求和供给两大类客户的双边

互动，就像天猫、优步的模式一样。深入考察资金来源，平台实际上靠它的风险判断和风险控制能力，保障资金的安全来吸引理财人。没有严格和到位的风险控制，理财人不敢贸然借钱给企业或个人，而平台上的风控供应者只有一个，那就是P2P公司自己。P2P的网络结构图和电商的图4-5一样，而不是交易平台的图4-3。电商卖货品，P2P卖信用评级，这是两者的唯一区别。我们会在第6章进一步讨论这互联网金融的问题。

最不像互联网的是共享单车，这个曾经炙手可热的投资概念，头戴互联网和共享经济两顶桂冠，却既没有梅特卡夫效应，也没有双边市场效应，因为平台上只有一家供应商 B，消费者之间也不发生互动和交易，其网络结构如图4-6，从一点向外放射，看上去已不再像网络了。如果用公式表达，当供应商数 $m = 1$ 时，式（4-3）退化为

$$V_S = k_3 n \qquad (4\text{-}4)$$

即网络（如果还可以称为网络的话）价值是用户的线性函数。

当网络退化到图4-6那样的点对点放射状时，我们就回到了一家公司服务多个客户的传统商业模式，互联网在这里变成了像机床和电脑那样的纯粹的工具，而没有多少商业模式创新

的意义。这类点状放射的"互联网公司"和电话、铁路公司没有可比性,更不要说社交网络了。分析这类公司的方法和传统的钢铁、水泥厂没什么两样,主要看成本结构决定的规模经济效应和协同效应。

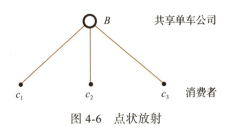

图 4-6 点状放射

经济学有什么用

经济学可以支持企业在战略、策略和商业三个层面上的决策。

技术时代的创新事关企业生死,而创新的高风险又令不少企业望而却步。管理学大师德鲁克指出,创新的高风险其实是个错觉,产生错觉的原因是企业家"缺乏方法论,违背了基本且众所周知的法则"。[一]"基本且众所周知的法则"就是常识,经济学原理不过是常识的抽象和概括表达。谷歌董事长施密特

[一] 彼得·德鲁克. 创新与企业家精神[M]. 蔡文燕,译. 北京:机械工业出版社,2009:25.

读了《信息规则：网络经济的战略方向》一书后，与该书作者加州大学伯克利分校经济学教授范里安进行了深入的交谈，力邀后者作为公司的咨询顾问，并于 2002 年说服他出任谷歌的首席经济学家。越来越多的科技公司在市场实践中意识到经济理论的重要性，亚马逊聘用的全职经济学家人数是美国高校最大经济系的好几倍。[一]

经济学家参与了收购与兼并等公司战略的制定，微软曾试图收购雅虎的搜索业务，公司的经济学家分析了搜索的规模经济效应和其他的间接效应，认为处于行业第二位的搜索引擎必须达到一定的市场占有率才能生存下去。[二]微软后来放弃了这项收购，经济研究的结论显然对公司的决策产生了重要的影响。

促使笔者写作本书的一个原因也是推动经济学原理的实际应用。互联网进入中国，一方面产生了市值高居世界前十的大公司，使中国在电子支付、电商和网络社交的普及方面处于领先地位；另一方面，我们也看到数不清的互联网创业公司的失败，特别是 P2P 公司的大面积倒闭冲击了金融体系，影响了社会的稳定。如果人们相信，互联网如同蒸汽机一样，仅仅改变

[一] 苏珊·阿西，迈克尔·卢卡. 科技公司中的经济学家和经济学 [J]. 比较，2019（3）.

[二] 同注释[一]。

了经济规律的表现形式而不可能改写经济规律，如果人们运用基本的经济学原理分析五光十色的互联网商业模式，我们或许可以减少对成功经验的误导性宣传，减少亢奋情绪和恐慌心理驱动的跟风，从而避免大量宝贵资源的浪费。

在策略层面上，仔细辨认不同场景中的规模效应、协同效应、梅特卡夫效应和双边市场效应，有助于构建与之相适应的商业模式和制定有针对性的操作方法。例如为了充分发挥规模经济效应，传统的钢铁、水泥企业应该建立多渠道2B客户销售网，而不必照搬2C业务的网上营销手法。在生产这一端，企业应尽可能地采用大型设备，如大功率发电机、大容量高炉、大吨位水泥转窑以及大规模流水生产线。大型设备虽然一次性投入大，单位产量的成本是随着产能而递减的。

如果一家互联网公司的梅特卡夫效应十分显著，一个有效的策略就是激发和活跃用户之间的互动。侧重专业人士的社交网络领英正是这样做的，该公司在平台上建立专业群并组织各种各样的论坛和讨论会，吸引知识界和商业界的高端人才参与，通过交流讨论熟悉彼此，从中发现招聘和求职的适配。领英的商业模式是收取会费、广告费和招聘佣金，所有这些收入来源都与用户数和活跃程度相关。

双边市场战略的要点在于供应商和消费者两大类用户的互动，为了吸引用户登录，形成供给和需求的正反馈，《平台革命》一书的作者建议免费开放平台的使用，只对平台上发生的交易收费，例如点击付费，在这个商业模式下，收费结构与收费标准关系到平台的成败。除此之外，先推供给还是先拉需求也大有文章可做，有兴趣的读者可参考该书的第 5 章。㊀

倘若不能清晰识别各种不同的效应，盲目模仿他人行之有效的方法，浪费资源又贻误市场时机。领英的做法搬到优步上是文不对题，虽然对供给和需求的良性循环或许有微小的促进作用，却不大可能显著提升公司的业务，因为叫车的人彼此并无互动的需求，即使偶尔互动也极少产生交易。在下一章中，我们分析美国两大零售巨头亚马逊和沃尔玛的相互模仿和竞争，沿着规模效应和协同效应的主线展开讨论，可以清晰地看到两者在战略和策略上的得失。

经济学的应用还包括辅助决策的数据分析，即传统的商业智能（business intelligence，BI），例如精准推销和广告效益计算；市场交易机制设计和商业模式的确定，例如广告的拍卖和

㊀ 杰奥夫雷·帕克，马歇尔·范·埃尔斯泰恩，桑基特·保罗·邱达利. 平台革命：改变世界的商业模式 [M]. 志鹏，译. 北京：机械工业出版社，2017：79.

平台收费方法。

从经济学的角度区分各种不同效应，有助于对互联网公司做出较为准确的估值。我们知道，公司的增长潜力越大，以PE（市盈率）衡量的估值越高（详见本书第11章）。网络特有的梅特卡夫效应对公司业绩增长的推动是最强有力的，其次为双边市场效应，再次是基于成本结构的规模效应以及协同效应。具有梅特卡夫效应的公司理论上应该有较高的估值，双边市场效应对估值的增强作用排在第二位，而只有规模效益的公司几乎享受不到估值的溢价。当然，各种效应和估值之间的对应关系是粗略的和概念性的，与其说用于指导估值，不如说帮助我们思考估值，针对不同的效应，选择不同的估值分析框架。

社交平台有着最强的梅特卡夫效应，微信、脸书、推特（Twitter）每家都有数以亿计的使用者，引入游戏、音频、视频、广告、支付、理财等产品或服务，可以将网上巨大的交互流量变成现金收入。脸书以百亿美元的天价收购了WhatsApp，看中的正是社交媒体难以估量的潜在商业价值。之所以用"潜在"二字是因为梅特卡夫定律给出的只是理论值，理论能否变为现实，取决于平台上有多少产品和服务，以及这些产品和服务能否很好地满足用户的需求，能否产生足够多的互动和交易。

互联网公司如天猫、美团的双边市场效应十分显著，优步、滴滴打车、爱彼迎也是如此，然而这些公司基本上没有梅特卡夫效应。亚马逊、京东、苏宁的双边市场效应较优步弱，因为消费客户依赖平台保证产品品质，他们只和图 4-5 中的 B 打交道，与供应商则无互动往来，是"单边"而非"双边"的。P2P 的网络属性及商业本质和电商相同，这里不再赘述。

有意思的是，一些著名的互联网公司发展到今天，其网络特征逐渐淡化，梅特卡夫效应和双边市场效应也让位于传统的规模经济效应，例如，就利润贡献而言，亚马逊从电商逐步转变为云服务提供商，从互联网应用的先行者变为数字时代的基础设施供应商。云服务的实质是通过出售存储和计算能力，出租亚马逊数据中心的服务器和技术团队的软件开发能力。数据中心的硬件投资和技术团队的薪酬可被视为固定成本，在设计能力之内增加用户的边际成本递减，换句话讲，云服务的规模经济效应和铁路、电力没有什么区别。

小结

包括铁路、电力、通信在内的网络对经济和人们的生活产生了巨大的冲击，冲击力来自网络特有的梅特卡夫效应，互联网将梅特卡夫效应从物理空间带入更大的虚拟空间。梅特卡夫效应的大小取决于用户之间的互动方式以及互动的活跃程度。当用户仅做跨类型的互动时，比如电商平台上的消费者仅和厂家而不和其他消费者打交道时，梅特卡夫效应退化为相对较弱的双边市场效应。如果用户互动受到进一步限制，互联网和传统的技术一样，只具有第 3 章讨论的规模经济效应和协同效应。厘清概念有助于互联网公司选择相应的商业策略，避免不必要的弯路和成本，也可以为投资者评估互联网公司的价值提供一个可靠的分析框架。

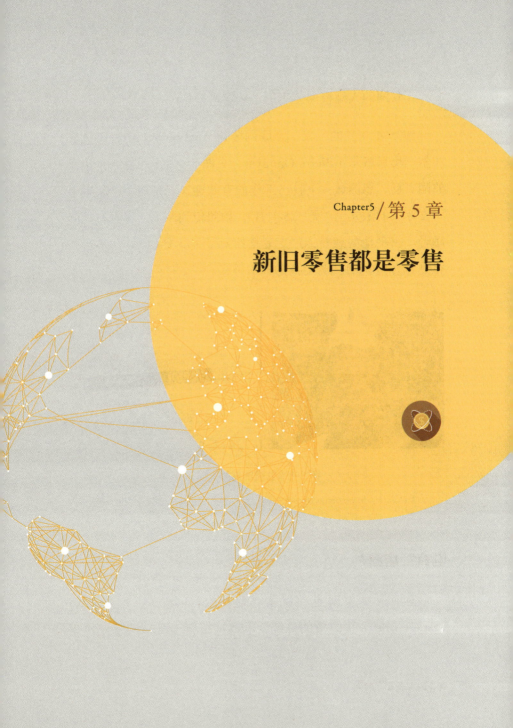

Chapter5 / 第 5 章

新旧零售都是零售

互联网的大规模商业应用是从零售开始的。

1995年9月的一天，互联网公司AuctionWeb的程序员皮埃尔·奥米戴尔（Pierre Omidyar，见图5-1左）写好一个拍卖的网页后，想测试一下自己工作的有效性，于是随手捡起桌上一支坏了的激光笔（见图5-1右），拍照传到网上，看看有无问津者。出乎他的意料，这支笔竟然卖了14.83美元。两年后公司更名为eBay，是为电商的开山鼻祖。

图5-1　电商的从零到一

资料来源：https://en.wikipedia.org。左图由乔伊（Joi）拍摄于2007年。

电商？店商？

美国人本来就有在跳蚤市场（flee market）、旧货市场（garage sales）卖旧货的传统，电商把旧货卖到了网上。1998

年，亚马逊的贝佐斯不再满足于拍卖二手货，开始在网上出售书籍、音乐和视频。2000 年 3 月，一家叫 Confinity 的公司和埃隆·马斯克的 X.com 合并，于次年改称 PayPal，专门提供线上支付服务。有了支付手段，电子商务如虎添翼。

2003 年，亚马逊的网上商店开张了。厂家过去靠电视、广播电台、报纸、商品目录（catalog）向消费者推介商品，现在亚马逊采购商家的产品，将它们列在网站上，消费者登录亚马逊的网页，键入一两个关键字就能很容易地找到自己所需的商品，下单订购之后，亚马逊根据订单送货。

2003 年 5 月 10 日，阿里巴巴投资创建淘宝网，同年 10 月，支付宝面世。2004 年，京东开始试验电子商务，2007 年建成北京、上海、广州三大物流基地，并将京东多媒体更名为京东商城，推动国内电商的发展进入新的阶段。

2017 年，京东实现全年销售额 3 600 亿元人民币，比上一年增长 40%，而最大的传统线下零售商华润万家销售 1 000 多亿元，远远落在京东后边，并且几乎没有增长。照此趋势发展下去，电商会不会取代超市和百货商店，成为零售业的主流业态？2018 年传来了曾经是世界最大百货公司的西尔斯破产的消息，似乎为这个观点提供了进一步的佐证。

论及电商对零售业的重塑，我们照例要先澄清词义。电商在本章不包括 eBay、淘宝、美团那样的纯平台模式，这些平台既不采购也不销售商品，由**第三方供应商**在平台上直接与消费者交易，平台从厂家收取线上开店的租金和作为交易中介的佣金，它们的商业本质与万达那样的商业地产相同，出租店铺而不买卖商品，区别仅在于万达的实体店开在线下，而 eBay、淘宝等虚拟店铺设在网上。

本章所讲的**零售**是指从厂家或批发商那里买断货品，入库、分拣、配送，再卖给消费者的业务，零售商**赚取买卖差价**而不是租金，符合这个定义的线上零售商是亚马逊、京东和苏宁等公司，我们称之为**电商**；传统零售商以线下为主，例如沃尔玛、家乐福、华润超市、永辉超市等，是为**店商**。人们经常将阿里和京东放在一起对比，就主营业务而言，两者就像苹果和橘子，虽然都是水果却没有可比性，正如亚马逊的对标公司不是 eBay 而是沃尔玛一样。如此定义零售，并没有否定线上销售平台的重要性。毫无疑问，今后会有越来越多的商品在淘宝、天猫、eBay 那样的平台上交易，平台销售的市场份额预计会进一步提高。

交易平台与零售的划分、电商与店商的划分都不是绝对的，今天的公司越来越多地兼有三者。亚马逊既做线上零售，也为第三方提供交易平台，同时还经营线下书店、无人商店（Amazon Go）、4星店（Amazon 4-Star）。阿里巴巴拥有国内最大的交易平台淘宝和天猫，2016年开设自有的线下便利店和超市——盒马鲜生。京东向第三方开放自己的交易和物流系统，并于2018年初创办独资的超市实体店7Fresh。对于混合型公司，我们依照惯例，称其第三方销售为**平台业务**，赚取买卖差价的为**自营业务**。

澄清概念的目的是建立正确的分析框架，在展望零售业的未来前景时，从零售的商业本质而不是零售的工具手段出发，以便做出较为可靠的预测。

尽管严重依赖互联网，但我们定义的电商几乎没有梅特卡夫效应，因为其网络不像图4-2那样纵横交错，供应商之间基本没有互动和交易，消费者之间也是鸡犬之声相闻，老死不相往来。

不仅如此，电商的双边市场效应（简称双边效应）也相当虚弱。回顾第4章，所谓双边效应是供应商与消费者的相互吸引和相互促进。对于电商亚马逊，在它买断供应商的产品后，消费者虽然仍然在意供应商的品牌和声誉，但更看重的是在亚马逊查找商品和下单的便利性、亚马逊采购团队的选品能否很好地满足他们的需求、亚马逊物流配送的效率以及服务的快速与周到。换句话说，消费者主要与亚马逊而不是与亚马逊的供应商互动，这就大大削弱了双边市场效应，因此电商网络上的交易线（见图5-2）明显比交易平台结构（见图5-3）稀疏。

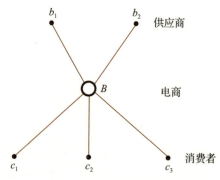

图5-2　电商的网络结构图

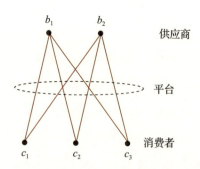

图5-3　交易平台上供应商、消费者的关系结构图

图 5-3 中交易平台的优势是网络结构丰富，供应商和消费者自由交易，由第 4 章式（4-2）可知，共有 $n \times m = 3 \times 2 = 6$ 笔可能的交易，平台收取的佣金数量随着消费者人数的增加成倍地增长，倍数是 m 即供应商个数。电商的模式如图 5-2 所示，可能的交易只有 $n + m = 3 + 2 = 5$ 笔。两种商业模式的差别随着消费者人数的增加迅速拉大，例如当 n 等于 100 和 m 仍然为 2 时，平台上有 $100 \times 2 = 200$ 个交易的可能，而电商只有 $100 + 2 = 102$ 个可能。更不利的是在市场竞争压力下，电商 B 一般不敢收消费者的佣金，只能压供应商的价，但由于采购批量小，议价能力弱，经常出现买价和售价倒挂而导致亏损。电商赚钱难，这是一个重要的原因。交易平台则没有这个问题，供应商盈亏与否，平台佣金照收不误。平台当然也有它的短板，因为是厂家和消费者之间的交易，平台控制不了产品品质、配送和售后服务，而这正是电商的优势。

电商几乎不具备梅特卡夫效应，双边市场效应也十分有限，其商业本质和传统零售商相同，研究电商需要以规模效应和协同效应为核心，围绕零售业的两大维度展开，一是**商品的性价比**，二是客户的**购物体验**。新零售、旧零售都是零售，离开这两个维度都难以成功。不幸的是，一些创业者以为技术可以改变一切，他们热衷于这样那样的新理论，例如曾经风靡一时的"长尾理论",结果在市场上走了弯路,栽了跟头。

长尾的致命诱惑

克里斯·安德森的《长尾理论》曾在中国风靡一时,作者恐怕没有料到,他的书在神州获得了比在自己故乡大得多的声誉,以及数不清的践行者。安德森令人信服地说明,互联网降低了交易成本,使原先无法通过市场进行交易的产品变得有利可图(见图5-4),例如小众的歌曲,过去音乐公司喜欢经营爆红的流行歌曲,因为制作唱片或CD的费用基本上属于固定成本,销售量越大,公司的利润率越高(第2章中的规模经济效益)。

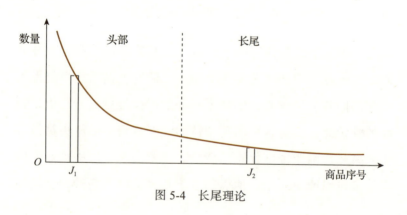

图 5-4 长尾理论

如图 5-4 所示，传统娱乐公司的商业兴趣集中在曲线的头部品种，如 J_1，即单品销售量大的歌手和乐曲上，而长长的尾部则无人问津。虽然市场既有消费者的需求，也有作曲家和演唱者的供给，但因需求量太小，销售收入不足以覆盖制作和发行成本，没有商家愿意经营。优秀的音乐家可能就此被埋没了，若有机会，他们之中的一些人或许就是当代的莫扎特、贝多芬呢。

互联网时代的逻辑大不一样，安德森论证道，图 5-4 曲线的尾巴虽然薄，每一首歌如 J_2 的销量虽然很小，但如果向右不断延伸，曲线下累积起来的面积即总销量是相当可观的。在技术高度发达的今天，乐曲的录制和发售成本低到几乎为零，娱乐公司的收入和利润随着尾巴的延伸而无限放大，"长尾"就从食之无味而弃之可惜的鸡肋，变成具有极大想象空间的市场。

过去商品广告受到报纸的页数、电视和广播时间的限制，现在网上的空间几乎是无限的，正因为如此，亚马逊经营的商品品种⊖数远远超过传统零售商，不包括电子书、音像、葡

⊖ 零售业内经常用 SKU 识别商品，当某种商品比如手机的品牌、型号、等级、花色、包装容量、单位、生产日期、用途、价格、产地等属性中任何一个与其他商品不同时，就被定义为一个 SKU，并赋予一个唯一的编码。由定义可知，SKU 数量大于品种数，一个品种平均有 1.5~2 个 SKU。参见 https://baike.baidu.com/item/SKU/5016808。

萄酒，亚马逊 2017 年自营（即赚取买卖差价的零售）品种数达到 1 200 多万；①而世界最大的传统零售商沃尔玛的一个典型线下超市仅有 12 万～15 万个品种，②公司全部自营品种总数为 350 万（可能还包括书籍、音像产品），③不到亚马逊的 1/3。

长尾理论好像就是为电商发明的，它背后的道理正是我们第 3 章讲的规模效应和协同效应。电商平台上新增一个消费者的成本几乎为零（规模效应），消费者越多，购买长尾商品的概率越大。此外，新增一个供应商和 SKU 的成本也接近于零（协同效应），品种越多，消费者的购物体验越好。

西谚有云："魔鬼都在细节中。"当我们的分析具体到零售的操作环节时，结论就和空泛的概念不一样了。如前所述，零售业大致可分解为三个环节：**采购**、**分拣配送**（见图 5-5）、**交货**（见图 5-6），无论街边地摊、百货商店还是京东商城，都少不了这三个环节。我们在下面逐一分析电商和店商在各环节上的效率，从中得出两种模式各自的优劣。

零售从采购开始，总体而言，电商（本章定义的买断再卖

---

① https://www.retailtouchpoints.com/resources/type/infographics/how-many-products-does-amazon-carry.
② https://en.m.wikipedia.org/wiki/Walmart.
③ http://www.ebrun.com/20181122/308955.shtml.

出的零售）在这个环节上处于劣势，表现为销售毛利率低于店商，原因主要在于单品采购批量小，采购价格高，特别是那些长尾商品。沃尔玛的商品品种虽然只有亚马逊的 1/3，但 2018 年实现销售收入 5 000 多亿美元，而亚马逊的销售收入为 2 330 亿美元，约为沃尔玛的一半。不太准确地讲，沃尔玛平均每个品种的销售额以及采购量是亚马逊的 6 倍。考虑到沃尔玛的线上平台销售增长虽快但量仍然很小，5 000 亿美元的收入基本来自于传统零售，而亚马逊的平台业务约占总销售的一半，沃尔玛的平均单品销售额或采购量超出亚马逊更多，规模效应的优势较 6 倍还要大。

采购量越大，价格越低，厂家之所以愿意降低价格，是因为批量越大，它的平均生产成本越低（见本书第 3 章）。

在零售业第二个环节分拣的效率比较上，传统店商仍占得上风。店商的货品整箱分拣（见图 5-5）和整箱装车，运往实体门店（见图 5-7）。电商则必须打开箱子，根据个人消费者的订单，靠人工在这个箱子里拿两个苹果，在那个箱子里选半打鸡蛋，从塑料袋中拣出一棵白菜……再打包成规格不同的小箱，按照下单客户所在地点归集，比如说北京市朝阳区国贸站、北京市西城区西单站等（见图 5-8）。

图 5-5　店商的分拣，自动分拣线上的整箱货物

资料来源：图片来源于互联网。

图 5-6　电商开箱拆零，再包装成非标准的小箱，由人工进行分拣

资料来源：图片来源于互联网。

图 5-7　店商用卡车整箱运输，送到实体店面开箱上架

资料来源：图片来源于互联网。

图 5-8　电商的快递小哥送货到家

资料来源：图片来源于互联网。

第 5 章　新旧零售都是零售　103

店商不必开箱，分拣线上没有人，传送带快速运行，利用各种传感器读取箱子上的条形码，输入信息系统，在电脑控制下，机器自动将货品分拨到每一家门店的车位上。电商则要开箱再打包，传送带上的箱盒大小不一，无法自动分拣，依靠手工操作，速度自然要慢许多（见图5-6）。

零售的最后一个环节是交付。消费者来到传统的实体门店，自己提货回家。电商虽然节省了门店租金和人员的费用，但它有额外的"最后一公里"成本，快递小哥从地区配送中心例如北京市国贸站取货，送到该区内的某位客户手上（见图5-8）。

交付环节谁的成本高？由于缺乏数据，很难给出一般性的结论。电商没有门店，但"最后一公里"的费用不菲，以至于有分析员说："亚马逊的（竞争）策略就是最后一公里策略。"⊖ 意识到这是电商的一大薄弱环节，亚马逊投资数十亿美元，研发配送基础设施和速递机器人（见图5-9），京东尝试投递无人机（见图5-10）。新技术的成本能否低于快递员？城市的道路和空间能否容纳这么多的小型车辆和飞机？市民能否接受如此密集的智能机器？目前这些还是未知数。与电商的痛苦形成鲜明对照，店商的最后一公里不花一分钱，消费者自己拎包开车回家。

⊖ 道格·斯蒂芬斯. 零售无界：新零售革命的未来[M]. 石盼盼，译. 北京：中国人民大学出版社，2018：25.

图 5-9　亚马逊的无人送货小车

资料来源：图片来源于互联网。

图 5-10　货从天降

资料来源：图片来源于互联网。

电商送货到家，消费者的购物体验不是更好吗？体验是多维度的，就便捷性而言当然是电商好，但物理体验如蔬菜和水产品的新鲜度、衣料质地的手感，只有在实体店才能得到，更不要说家具、电器的使用体验和场景体验了。

从上面的对比分析中,我们不能得出电商代表零售业未来的结论,电商的总体效率可能还不如传统线下店,国内外的大型电商长期亏损的事实似乎也证实了这一点。分析员们曾为亚马逊能否赢利以及什么时候赢利争论不休,2017年亚马逊终于赢利了,当年的财报上有30亿美元的净利润,其中云计算就贡献了43亿美元,也就是说,包括零售在内的其他业务板块极有可能依旧是亏损的。有限的数据分析显示,电商的运营成本略低于店商,因缺乏采购环节上的规模效应,销售毛利率比店商低2~5个百分点。不要小看这几个百分点,在薄利多销的零售业,一两个百分点就是亏损和赢利的分水岭。

有意思的是,与国际上的巨头相比,国内的传统零售商规模普遍偏小,但其中不乏赢利者。沃尔玛2018年的销售额为5 000亿美元(约3.5万亿元人民币),而同期国内最大的华润万家仅有156亿美元(约1 000亿元人民币)。[⊖]规模相差如此之大,国内店商是如何赢利的呢?原来它们靠的是店租。去超市购物的普通消费者也许注意到,一走出收银台,即可看到四周的小商店、餐馆、花店、特色日用品店、美容护肤店,等等,这些小店交纳的租金是超市无成本的净利润。超市用主营

⊖ http://www.linkshop.com.cn/web/archives/2018/397263.shtml。

的生鲜产品做流量，出租店面才是利润的主要来源，"羊毛出在猪身上"，这是线下超市多年的经营模式，和"互联网思维"没有太大的关系。遗憾的是，电商没有实体店，不可能产生这样的赢利点。

经营长尾难赢利，电商不得不进行一轮又一轮的外部融资，然而天下有几人能像贝佐斯那样，得到华尔街长期而热情的支持？一旦外部输血停止，企业何以为继？电商是不是可持续的商业模式，保守地讲，现在恐怕还无法做出肯定的回答。

我们在这里以效率和赢利为依据对比电商和店商，一些熟悉互联网创业、融资和上市过程的业界人士或许不以为然，他们常常开列出一个不短的名单，说明亏损公司照样拥有大市值，而位居名单榜首的十之八九是亚马逊。鉴于这个问题对本书的重要性，我们在进一步讨论零售业之前，插入价值、利润和公司可持续发展的话题，并为后续各章的一条分析主线做些铺垫。

企业为什么必须赢利

还用问吗？这是常识。日新月异的技术进步似乎创造了一个又一个的奇迹，颠覆了一个又一个的常识。果真如此吗？我们需要在不断变化的环境中，反复论证常识。

企业存在的意义是为客户提供产品和服务（以下统称产品），正因为如此，华为等优秀企业始终坚持"以客户中心"。这条原则意味着企业不仅要为客户提供他们所需的产品，而且要以**尽可能低的成本**提供这些产品。客户在市场上寻找产品时，总是希望在同等性能的前提下价格越低越好，或者同样的价格性能越高越好。换句话说，客户要的是**高性价比**产品。

企业只有满足客户对高性价比产品的需求，才能为客户和社会创造价值。**客户价值**是客户对产品效用的**主观**评价，反映在价格上；**社会净值**等于客户价值即价格减去成本，体现为企业的**利润**。⊖假设有位消费者付10万元购买一部汽车，汽车的效用对他而言至少是10万元，否则他会认为不值而放弃购买。再假设厂家的生产成本是7万元，则3万元既是汽车厂的利润，也是它创造的社会净值——用价值7万元的资源生产了价值10万元的汽车。利润驱使企业不断降低成本，不断为社会节省资源，也就是创造新的价值。

假如另有一家企业制造同样的汽车，生产成本为12万元。企业想把价格定在12万元以上，但因消费者只买性价比高的

⊖ 利润由股东分享，似乎与"社会"一词不大协调，其实并无矛盾之处。在资本已经充分社会化的今天，股东可以是创始企业家、管理层、企业、机构和社会公众。赢利的企业才能持续提供就业岗位，其社会意义更是不言而喻。

产品，它不得不接受10万元的价格。这时不仅企业出现2万元的亏损，而且造成社会资源的浪费。用12万元的资源只生产了价值10万元的产品，投入大于产出，这样的企业根本没有存在的必要，而且也没有生存的能力。

我们用价值作为判断互联网商业模式的标准，认为能否创造社会净值是企业成功或失败的分水岭，由于社会净值在本书中等同于企业利润，这一判断等同于赢利是成功的根源与标志。在我们逐一考察的电商、P2P、平台、共享等模式中，成功首先因为今天或未来的价值创造，其次才是策略、团队、资金等因素；而失败的企业无一不是社会资源的净消耗者，它们或许创造了客户价值，但价值量小于投入资源的成本。

尽管缺乏强有力的数据支持，我们也有理由怀疑，长尾电商就是一个社会净值小于零的商业模式。

错在盲目模仿

难道《长尾理论》错了吗？没有。错的是人们肤浅的解读和急功近利的照搬。作者的论述仅限于一种特殊的商品——数字产品，即电子书、音乐、视频等产品。数字音像产品一旦被生产出来，线上销售和传送的边际成本确实近似为零，此外再无其他成本，收入就是利润。数字产品的另一特殊之处是它的体验也在线上，消费者在试读、试听、预览之后，再决定是否购买。数字产品的长尾理论却不能推广到其他行业，对于一般的实物商品，吃穿住行，边际成本不可能等于零，而且几乎不可能在线上体验。

设想你的女/男朋友生日快到了，你看中了长尾商品中一个别致的瓷器，想在上面打印她/他的名字，送给她/他作为礼物。于是你登录网站下单，对于你和电商而言，边际成本确实接近零，但不幸的是电商仓库里没货，只好转而向生产厂家订货。陶瓷厂家特地为你做了一个，从采购原材料到生产和运输，请想象一下成本有多高。电商收到货品后，经过仓储、分拣，最后配送到你家，又要增加多少成本？最后这个瓷器的价格要么高到你没法接受，要么电商降价由它自己承担亏损，无论哪种情况，这个商业模式都是不可持续的。

对于实物产品而言，长尾理论不成立，而专注头部的店商倒是有不少成功的案例。沃尔玛不用再说——虽然市场份额在缩小，仅有4 000多品种的美国好市多（Costco）一直是赢利的，[一]零售业的奇迹7-Eleven（7-11）连锁便利店的品种数也不

[一] https://www.neatorama.com/2013/09/09/10-Most-Fascinating-Facts-About-Costco/.

过 3 000 左右。7-Eleven 在全球 17 个国家或地区开了 68 000 多个店，㊀借力密集的布点，公司从当初 24 小时营业的单一卖点，发展到 ATM 机、邮寄和线上销售提货点的多种经营，成为深入社区的零售前哨，让那些饱受"最后一公里"折磨的电商看在眼里，心中羡慕不已。

亚马逊成长为超大市值的互联网公司，并不意味着"万物商店"就是零售的未来。借鉴他人的经验固然必要，但照抄照搬可能使公司处于进退两难的尴尬境地，如同第 2 章所讲的腾讯学微博和阿里学微信，亚马逊自己也尝到过简单模仿的苦果。在初涉零售之时，亚马逊意识到物流管理的重要性，于是从沃尔玛挖来优秀的人员，设计了"世界上最棒的大规模零售物流管理网络"，其运营模式类似于沃尔玛的物流中心。不料支持头部商品业务十分有效的技术，面对分散的个人订单却一筹莫展。经过一番痛苦的挣扎，贝佐斯放弃了模仿，组建团队另起炉灶，从零开始研发符合自身特点的系统。㊁

亚马逊电商送货到家属于 2C；传统零售商从仓库整车整箱送到门店，本质上是 2B。业务性质不同，IT 系统的逻辑和

㊀ https://en.m.wikipedia.org/wiki/7-Eleven.
㊁ 布拉德·斯通. 一网打尽：贝佐斯与亚马逊时代[M]. 李晶，李静，译. 北京：中信出版社，2014.

架构当然也不同，模仿沃尔玛看似捷径，实则是一条长长的弯路。

亚马逊从模仿转向自创，成功后便轮到昔日的霸主品尝模仿式赶超的艰难了。沃尔玛充分认识到互联网的潜力，奋起直追，2018年线上销售增长40%，并超过苹果公司成为美国第三大线上零售商（eBay占据第二位）。尽管如此，沃尔玛的线上市场份额仍只有4.7%，远远落后于亚马逊的近50%[一]，商品品种数也仅为后者的1/10。沃尔玛能否缩小与亚马逊的差距？它为2B业务设计和打造的体系，包括IT系统、操作流程、团队、公司文化等，能否适应平台2C的需求？过去20年中，亚马逊投入巨额资金建造了适合自己商业模式的基础设施，例如它在全美国拥有110个履单中心（fulfillment center，电商仓库），而沃尔玛只有20个。[二]更令人担忧的是，沃尔玛电商部门2018年亏损10亿美元，并且短期内看不到扭亏为盈的希望，公司内部怨声四起。

美国零售业两大巨头的竞争轮回让我们又想起了齐白石的警句："学我者生，似我者死。"（见第1章。）

[一] https://www.cnbc.com/2019/02/19/amazon-isnt-killing-walmart-online.html.

[二] https://www.vox.com/recode/2019/7/3/18716431/walmart-jet-marc-lore-modcloth-amazon-ecommerce-losses-online-sales.

照搬照抄行不通，根本原因是规模效应和协同效应不可兼得，或者单品批量和品种数量不可兼得。沃尔玛是2B的商业模式（业务流程止于类似企业的门店而不是个人消费者），主打头部商品，自觉不自觉地利用规模效应；亚马逊2C出身，相对优势在长尾商品，充分发挥在虚拟空间中的协同效应。

如前所述，电商的协同效应受到实体供应商规模效应的限制，大型综合性电商如亚马逊自然会想到平台化的解决方案，即向供应商开放自己的销售渠道和物流系统，允许它们在平台上直接向终端客户销售，而不只是卖给亚马逊。2018年亚马逊的平台业务已占整个公司的半壁江山，预计其重要性还会上升，甚至有一天变成eBay那样的纯平台公司，也并非完全不可想象。平台化实现了多赢，供应商面向社会需求，生产批量提高，从而规模效益得到提高，亚马逊则可以继续扩展其"万物商店"的产品目录，同时从平台交易中抽取佣金，避免自己经营长尾商品的亏损。至于交易平台的经济学和商业属性，我们将在第7章进行深入的讨论。

到此为止，在零售的性价比维度上，电商并未因为有互联网而占据明显的优势，在第二维度——体验的比较上又会是怎样的呢？

不只是购物体验

除了快捷性，电商各方面的客户购物体验均不如店商。由于没有线下实体店，消费者只能在网上看看照片，参考他人留下的评论，无法感受衣物的舒适合体程度、果蔬肉鱼的新鲜程度、器具使用的便捷度，等等。对于这个短板，电商寄希望于未来的科技。

想象一下，不久的将来，VR（虚拟现实）给人们带来逼真3D的视觉体验，小朋友们不必坐船出海就能看到鲸鱼跃出水面（见图5-11）。有人正在研究触觉的数字化，一旦成功，你戴上VR眼镜和一副特制的手套，在北京的家里就能看到广东企业制造的沙发，用手感受沙发的弹性和表面材料的光滑柔软度。如果你有AR（增强现实）眼镜，还可以看到沙发摆在客厅的什么位置合适，如果太大了，立即在线上更换一个虚拟的小号沙发试试。

即便到了那时，实体店仍是不可替代的。科技只能提供**购物体验**，有助于增加线上购买，降低令电商头疼的退货率，却无法满足消费者购物的**心理体验**、**亲情体验**和**社会体验**。人们逛商店事先往往没有明确的购物目标，逛本身就是享受，逛就是目的。女士在逛的过程中或许注意到潮流风格的变化，思忖着如何表达自己；男士或许只是在欣赏眼前走过的漂亮姑娘。穿行在熙熙攘攘的人群中感受繁荣兴盛，而小区花园的清冷总让人兴致索然。实体店会想办法吸引消费者来逛，说服他们连逛带买，而电商则只能望洋兴叹了。

图 5-11　虚拟现实中的海洋鲸鱼

资料来源：图片来源于互联网。

　　电商兴起之后，网上购物成了年轻人的一种消费习惯，当他们结婚生子，生活方式也许就会回归父辈。三口四口之家周末也订盒饭吗？为什么不带着孩子去购物中心看场电影，吃一餐麦当劳，再逛逛商店呢？年年在家给孩子过生日未免乏味，到餐厅里吹蜡烛切蛋糕，气氛更加欢乐，陌生人的围观增加了阖家乐融融的幸福感。便利店里偶遇多时不见的邻居，攀谈两句聊慰中年人的寂寞或老年人的孤独。

人类是群居动物和社会动物，我们既需要私人空间，也需要公共空间，需要和他人的接触，哪怕非亲非故，哪怕是气息、声音和目光的接触。零售实体店提供了这样的空间，不可能完全被技术营造的虚拟空间所替代。

店商来日方长，它们一方面要积极采用从互联网到人工智能的新技术，另一方面要更新实体店的体验。笔者在美国比较了沃尔玛和现在属于亚马逊的全食（Whole Foods），前者给人的感觉仍然是20世纪90年代蓝领工人和中西部农民的商店，廉价实惠是唯一的诉求；后者活泼明亮，上架商品的主题是健康、环保，还有不失稳重的新颖，更适合收入和教育水平不断提高的中产阶级。

传统零售商不必恐惧互联网，最可怕的竞争对手不是电商，而是自己的习惯思维。努力跟上时代，保持精神活力比技术领先更为重要，毕竟互联网已不再是高科技，关键看企业如何创造性地应用它。

如同很多传统行业一样，我国零售业的特点是非常分散。2018年国内最大的零售商是京东，自营销售额估计为4 000亿元人民币，占全国市场份额不到2%；而沃尔玛销售额折合人民币 3.5 万多亿元，在美国的市场份额是 20% 左右。国内中小型零售商技术落后，效率低，产品和服务同质化严重，受到电商的强烈冲击，不少零售商在亏损的边缘挣扎，零售业的重组与整合势在必行。

零售业重组的目的是提高市场集中度，通过并购或快速的自然增长产生大型零售商，只有大型企业才能有足够的资源在互联网、数字化上做大规模投入，利用技术手段，进一步发挥规模经济效应和协同效应，降低成本，提高商品的性价比。有了数据和云计算能力，零售商可以更为精确地预测消费者需求，根据需求采购商品，提高市场反应速度，供需对路，降低库存和资金占用，改善经营效率。

重塑零售业，并不是用"互联网思维"改造线下商店，而是要认识到零售业从本质上讲没有什么网络属性，不具备梅特卡夫效应，双边市场效应也偏弱，因此要聚焦线下采购、分拣、配送等环节的规模效应，同时努力上线，+互联网而不是互联网+。上线不是为了变成互联网公司，而是借助互联网放大线下的规模效应和协同效应，并推行线下加线上的电商模式，依托众多的门店降低"最后一公里"的配送成本，通过实体店的服务创新不断改进客户体验。

店商上线，挤压电商的市场，电商是否应像亚马逊那样转向云计算和云服务？关于这个问题，没有规律可言，亚马逊从卖电子书开始走到今天的世界第一大云服务商，并不是创始人贝佐斯的高瞻远瞩，并未经过精密周到的计划，云计算的产生充满了偶然，与其说是深思熟虑，不如说是走一步看一步，无意间摸索到了云。云技术是如何发明的，市面上流传的版本有好几种，我们在第2章做过简单介绍，这里不再赘述。

一个公司的战略是根据公司的竞争优势和市场需求制定的，适合亚马逊彼时的战略未必适合此时的亚马逊，适合此时亚马逊的战略未必适合此时中国的零售商和互联网公司。中国的店商或电商想做云平台的话，就必须解决的一个问题是利益冲突，即当公司的自营零售和平台上第三方商家的零售发生冲突时怎么办。比如在春节繁忙期，物流系统优先配送公司自营订单还是第三方商家的？平台是否会利用第三方商家的数据为自营服务？

对于大型互联网公司，一个可选项是与传统零售商结成战略同盟，自己专注技术开发和流量导入，将实体店的运营交给合作伙伴而不必越俎代庖，这样形成线上和线下密切配合的格局，充分发挥各自的优势。与实体店进行战略合作的必要性源于零售的逻辑和"互联网思维"大不相同，隔行如隔山，互联网界行之有效的策略到线下零售未必行得通，与其自己花钱交学费，不如找寻合作伙伴。

在可以预见的未来，多种零售业态并存的格局不会发生根本的改变，平台、电商、购物中心、超市、百货商店、便利店等商业模式既相互竞争，又相互补充。传统零售商不仅通过＋互联网，做起了自营电商业务，而且建立了自己的零售交易平台，和互联网公司展开全面的竞争。2018 年，沃尔玛的经营品种数达到 4 200 万，大多数由第三方供应商向消费者直接销售，沃尔玛向这些供应商开放线上销售平台，提供仓储物流服务，相应收取一定的费用。亚马逊不甘示弱，于 2017 年以 137 亿美元的价格收购了传统线下超市全食，侵蚀传统零售商占优势的线下市场，同时继续扩充它的商品目录。㊀2017 年，阿里巴巴以 224 亿港元（约 28.8 亿美元）的价格，持有高鑫零售 36% 的股份，高鑫旗下的欧尚、大润发两大品牌在全国 29 个省市自治区设有大型超市和大卖场，年营收额超过 1 000 亿元人民币。㊁

线上线下交叉、多业态融合成为零售业的新趋势，驱动变化的是技术和企业对技术的创造性应用。

㊀ 2018 年亚马逊的销售品种数达到了创零售纪录的 3.5 亿。
㊁ http://www.sohu.com/a/205995487_355066.

小结

我们应用第 3 章和第 4 章介绍的分析工具,研究互联网进入较早且普及率较高的零售业,说明技术正在重塑整个行业,却没有改变零售的商业本质。电商和店商都没有显著的梅特卡夫效应,又同样具备双边市场和规模效应。效率和消费者体验仍然是零售企业得以生存和发展的两大要素,也是我们理解零售业的关键。在采购、分拣配送和交付环节的效率比较上,电商与店商各有长短,就总体效率而言,尚不能得出前者高于后者的结论。两者在消费者体验方面更多的是互补,而不是相互替代。预期零售业未来的格局是多业态并存,线上线下彼此渗透与融合,而非赢者通吃的一家独大。

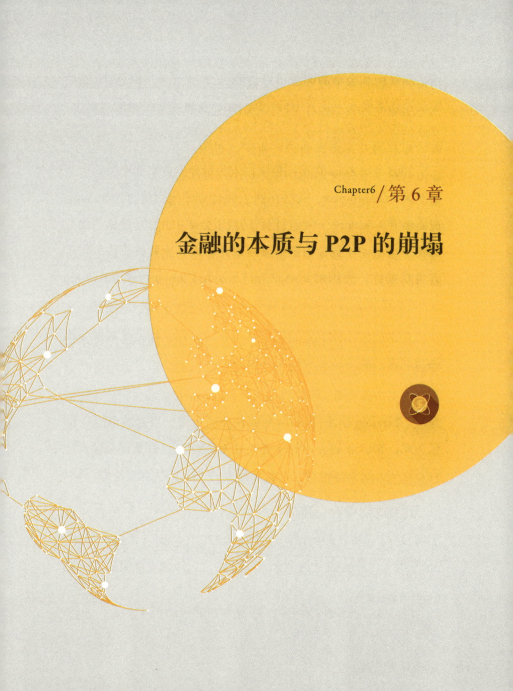

Chapter6 / 第 6 章

金融的本质与 P2P 的崩塌

互联网和金融的渊源可以追溯到20世纪90年代，电商的发展迫切需要线上支付手段，Paypal、支付宝等公司应运而生，互联网进入了金融行业。

2005年，Zopa在英国创立，成为世界上首家P2P公司。所谓P2P（peer-to-peer）就是在网上撮合资金的供给方（creditor）和需求方（debtor），不经过传统的线下金融中介如商业银行而完成融资的活动。资金的供给方可以是个人、企业或机构，需求方也是如此。美国的Prosper和Lending Club分别成立于2006年和2007年，后者虽然问世较晚，但在业界的影响力颇大。

位于旧金山的Lending Club一方面向个人和企业发放小额贷款，单笔额度不超过4万美元（见图6-1），另一方面将贷款列在网上由投资者（国内称为出借人或理财人）购买，公司赚取息差。Lending Club于2014年在纽交所上市，当时的市值是85亿美元。2017年底公司的总资产为46亿美元，和美国金融系统百万亿美元级的体量相比，这个最大的P2P简直就是沧海一粟。

中国第一家纯信用网上借贷平台是拍拍贷，于2007年在上海设立。⊖和它的美国同行相比，P2P在中国可谓进展神速。2015年全国平台数量达到3 500多家，当年成交额突破1万亿

⊖ https://www.wdzj.com/jhzt/180606/zgdyjP2Pwdqysnj_123/.

元人民币。2016年4月12日,国务院办公厅印发《互联网金融风险专项整治工作实施方案的通知》,规范这个迅速增长的新兴市场。2017年平台数量有所下降,但交易额上冲到2.8万亿元,比上一年增长36%。⊖ P2P的兴起得益于移动互联网的普及,与国内金融市场的结构性扭曲也有很大的关系。长期以来,大型金融机构占据主导地位,小微金融服务的供给严重不足,给了P2P非常大的市场空间,正像传统零售的低效成就了电商,线下支付手段的落后让电子支付大行其道一样。

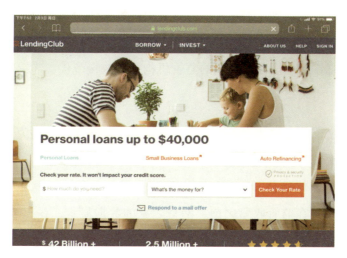

图 6-1　Lending Club 的贷款申请页面

资料来源:https://lendingclub.com。

⊖ https://www.wdzj.com/news/yc/1757515.html。

就P2P商业模式而论,它相当于没有牌照、没有线下网点和人员的商业银行,其功能却和常规银行一样:将储蓄资金转化为贷款。P2P的这些特点让它在一个时期成为各方关注和怀疑的对象。金融监管当局对无牌照经营感到不安;理财人被高息吸引的同时,担心这些没有大楼和柜台的公司分分钟跑路;传统银行为自己的储蓄池被分流而焦虑;个人和小微企业则如久旱逢甘霖,用各种手段在平台上借钱,其中不乏借了就没想还的人。

进入2018年,P2P出现雪崩式的坍塌,截至2018年7月,问题平台数达到2 286家,涉及金额达数千亿元人民币,投资者争相提现退出,形成挤兑—倒闭—恐慌—挤兑的恶性循环,正在以铁腕手段整顿市场的监管机构被迫放慢步伐,连续发布文告,力求稳定市场信心。

这个曾经被认为是可能产生互联网独角兽的行业,为什么在这么短的时间里土崩瓦解?因为骗子太多?还是监管过于严厉?据媒体的公开报道,不良违法分子是少数,而P2P问题的爆发是在监管收紧之前。网贷之家的数据显示,在2016年4月国务院发文整顿之前问题平台即有1 434家,也就是说,60%以上的问题平台是在清理整顿之前出现的,2015年一年就曝出867家。与其说P2P的大面积崩溃是监管专项整治的结果,不如说是整治的原因。

痛定思痛

问题的根本是 P2P 的商业模式，虽然其他因素同样不可忽略，例如监管的缺失、从业人员的专业能力不足和投资者风险意识淡薄等，而这些疏忽与差错又不同程度地源自对互联网的盲目崇拜，误以为一项新技术可以改变金融的本质，期待"互联网＋"的万应灵药在信贷业创造网上支付那样的奇迹。如同我们在下面看到的，P2P 不具备梅特卡夫效应，双边市场效应也因平台的一项关键功能——信用评级而被大大削弱。P2P 能够经营的金融产品极为有限，谈不上什么协同效应，更为尴尬的是，它必须面对规模不经济的"长尾客户"需求。互联网金融归根结底是金融而不是互联网，讨论 P2P 要立足金融的本质。

金融业务的本质是减少资金提供者（出借人、理财人，以下统称"出借人"）和资金使用者（借款人）之间的信息不对称，控制逾期、坏账等违约风险，在确保资金安全的前提下，实现适度的收益。不少 P2P 公司的创始人和他们的投资人没有金融业的经验，秉持"互联网思维"，一味追求客户数和平台资产规模的快速增长，从一开始就违反了金融业"风控第一"的原则。

当贷款违约不可避免地蔓延时，P2P 公司认识到风险控制的重要性，采取了一些措施，调查借款人的背景、征信和借贷行为，在某种程度上降低了信息不对称的可能性，从而降低了违约风险。但由于这些措施都受限于线上数据，特别是线上收集不到关于借款人现金流的信息，P2P 公司仍无法准确判断客户的信用风险，于是坏账继续上升，兑付发生困难。情急之下，公司用高息揽存缓解燃眉之急，但这无异于饮鸩止渴，最终资金链条断裂，引发市场恐慌。

在今天的信用环境中，**纯线上的 P2P 模式不能解决金融的本质问题**，失败的命运在诞生的那一天就已注定。

创新遭遇失败并不可怕，可怕的是不能吸取教训，一再重蹈覆辙。

教训之一，使用互联网并不因此就具有网络属性，网络属性以商业模式为必要条件。如第 4 章所述，网络的梅特卡夫效应来自用户之间的互动，而 P2P 平台上的同类客户之间没有互动，出借人和出借人彼此不相往来，借款人和借款人亦无交互，这就排除了梅特卡夫效应。

从表面上看，P2P 平台像股票交易所一样，只不过交易的是债务产品而非股票，出借人和借款人两大类客户之间有正反馈互动，应该产生双边市场效应（见图 4-3）。具体而言，P2P 平台上的出借人越多，资金越充裕，借贷需求越快得到满足，就可以吸引更多的个人和企业登录平台借钱。另一方面，平台发放和交易的贷款数量越多，出借人等候购买的时间越短，就会有更多的出借人在平台上投资理财。

看上去是典型的双边市场效应，仔细推敲发现关键一环的缺失。若想形成出借人和借款人之间的良性互动，信用评估和风险控制是必不可少的。出借人只有了解贷款违约的风险，才愿意借出资金。由于绝大多数出借人是散户，专业知识有限，他们高度依赖平台的风险判断和风险控制能力。平台出售的产品表面上是贷款，本质上是**信用风险评级**，而风险评级的供应商只有平台自己一家。P2P 的网络结构既不像社交网络的图 4-2，也不是交易平台的图 5-3，而是和电商一样的图 5-2（为读者查阅的方便，我们将图 5-2 复制为图 6-2，如下）。出借人看的是平台的信誉，与平台而不是借款人互动；借款人眼中也只有平台，而没有出借人。

在这样的市场中，平台 B 对借款人 d_1、d_2 的违约风险做尽职调查，评估通过后，将他们的借款需求放到平台上募资，由出借人 c_1、c_2、c_3 进行选择。出借人虽然可以形成自己的判断，在大多数情况下相信平台的分析结果，就像资本市场上的债券投资者依赖评级机构（例如标普、穆迪等）给出的风险评级一样。平台的职能不是单纯的交易撮合，而是将借款人—出借人的一笔交易分成两段,变成实质上的借款人—平台和平台—出借人的两笔交易,中间插入了最关键的风险评估。说来有点讽刺意味,正是这关键的一步阻断了网络的双边市场效应。

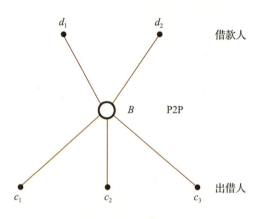

图 6-2　P2P 的网络结构

教训之二,金融的生命线是风险控制而不是规模或者增长速度,这是由金融的性质决定的。与一般制造业或服务业不同,金融的特点是高杠杆基础上的薄利多销,这一性质不会因互联网的使用而改变。银行支付 2%~3% 的利息,吸收个人和企业的储蓄存款,再用这些储蓄资金放贷给企业和个人消费者。贷款的基准利率大约 5%~7%,银行赚取息差 3~4 个百分点,扣除人员工资、办公费用、固定资产折旧等成本,净息差只有 1~2 个百分点。

假设净息差等于 1%，银行用 5 000 万的储蓄资金发放了 50 笔 100 万元的贷款。倘若有一笔变成坏账，银行只能回收 101×49 = 4 949 万元，不足以偿还储蓄者的 5 000 万元存款（净息差已扣除了利息成本和运营成本），银行必须动用资本金，弥补亏空的 51 万元。当坏账数量过大时，资本金耗尽，银行无力满足储蓄者的提款需求，便会发生挤兑和银行倒闭，而这正是一些 P2P 公司的结局。毫不夸张地讲，坏账是金融的头号杀手，不懂风控就做不了金融。

金融的本质

风险控制之难，难在**信息不对称**，资金的供应者（出借人）不了解资金使用者（借款人）的财务状况和违约风险。降低出借人和借款人之间的信息不对称，正是金融业应该为实体经济创造的价值。P2P 公司不仅要将出借人和借款人聚拢到一个平台上，还要为出借人评估借款人的风险，如实告知出借人风险在哪里，风险有多高。出借人依赖 P2P 平台控制风险，就像储蓄者依赖银行一样。

P2P 公司如果只是对接借款人和出借人，它仅创造了**中介价值**，而没有创造**风控价值**。大致而言，中介价值对应交易佣金，风控价值对应净息差。国内公开市场上的国债交易佣金不超过成交额的2‰，股票交易佣金一般为成交额的3‰，如此微薄的佣金说明中介价值的低下，证券交易所、券商等中介机构一定要有非常大的交易量才能生存和赢利。对于仅做中介而无风控的P2P公司，佣金不足以覆盖运营成本，实际上大多数平台根本就不收中介费，以息差为主要的收入来源。问题在于，不做风控怎么可能赚到息差呢？例如上面讲到的那50笔100万的贷款，1笔坏账就抹去了所有的净息差收益。

做规模，只能增加交易佣金；做风控，才能赚取息差。混淆这两种商业模式和收入来源，逻辑上自相矛盾，市场实践也证明两者不可兼得。追求规模必然降低标准，放松风控，否则规模上不去；加强风控则意味着精挑细选，必然限制了规模。

能否利用互联网和大数据技术，提高甄别筛选速度，从而实现风控基础上的规模扩张呢？回答是否定的。一些P2P公司利用网上数据查证借款人的背景，例如身份证明的真实性、有无犯罪记录、是否在多个平台上借钱，甚至调用央行等机构的第三方征信，但仅凭这些数据只能判断借款人的**还款意愿**，而无法估计他们的**还款能力**，即只能大致判断他们是好人或坏人，难以分清风险是高是低。换言之，完全依靠线上数据不能做出准确的信用评估。

估算还款能力的最好方法是预测借款人的**未来现金流**,知道借款人一年之后有净现金 100 万元,银行今天给他 80 万元的一年期贷款就不会有太大的风险。P2P 公司的悲剧是,做预测所需的信息目前无法在线上获取。公司当然可以在线下设网点,安排人员做借款人的尽职调查,收集更多的数据,但线下的这部分新增成本是公司难以承受的,并且如此一来,P2P 就失去了它的本来意义,变成和传统商业银行一样的金融机构,它的存在还有什么必要呢?

预测的现金流肯定不准确,传统商业银行再加一层保险,要求借款人提供抵押品或者担保。常用的抵押品有房产、股票等,担保人一般为资金实力相对雄厚的大公司或个人。发生债务违约时,抵押品的所有权从债务人转移到银行,银行拍卖抵押品套现,回收部分贷款,或者依据法律强制担保人承担还款义务。抵押品的作用不仅在于降低贷款违约的事后损失,而且可在事先抑制"**道德风险**"。⊖

⊖ 用一个简单的例子说明道德风险的概念。假设一家企业投资 2 000 万元建一条生产线,如果全部用自有资金,一旦项目失败,企业主损失 2 000 万元。如果企业从银行贷出 1 500 万元,自己投入 500 万元,项目失败时的损失由银行分担,企业主只亏 500 万元。贷款的使用降低了企业主的风险,鼓励他采取激进的经营策略,草率上马高风险投资项目,这就是道德风险的含义。抵押品增加了企业主债务违约的成本,他不仅损失 500 万现金,抵押的房产也被银行收掉,迫使企业在借贷时进行自我约束。

"道德风险"一词指的是"用别人的钱不心疼",借钱投资或借钱经营所导致的风险偏好上升,这是一个经济现象,和借款人的道德水准没有太大的关系。媒体经常将道德风险解释为圈钱骗贷、卷款潜逃、恶意违约等不道德的行为,这是一个极为普遍的误解。

大企业家大业大,可用于抵押的资产多,银行"嫌贫爱富",自然倾向于给它们提供贷款。在可以预见的将来,大中型企业的抵押贷款市场仍是主流金融机构的天下,互联网金融公司只能聚焦小微企业和个人消费市场。小微企业固定资产本来就不多,设备、厂房又是专用的,在市场上缺少买家,变现能力差,银行不愿意接受这些流动性差的资产作为抵押,小微企业的融资因此一直是个非常棘手的难题。互联网金融公司要想开拓这块市场,必须研究推出无抵押、无担保金融产品,仅凭信用就可发放贷款。

无抵押贷款的风险高,P2P公司通常会收取两位数的高利率,用高收益对冲高风险,它们的商业模式说到底就是计算两率(利率和违约率),看似合理,实际上没有解决金融的本质问题——信息不对称。

高利率不仅无助于降低信息不对称,反而带来"逆向选择"

的新问题，结果是金融风险的上升。当利率过高时，保守经营的低风险客户会觉得借款资金成本过高，不如使用自有资金，或者缩减甚至放弃投资扩张计划。愿意承担高利率的反而是那些经营困难、资金紧张的企业和低收入个人，年息30%以上还要借的，大概率是超高风险生意，或者资金周转相当困难。50%的利率如果还有人敢借，基本上是借了就没想还。高利率排斥优质客户，吸引高风险借款人，这就是"逆向选择"的含义。一旦进入逆向选择阶段，P2P公司就难逃厄运。高利率—高风险客户—高违约率—再提高利率，恶性循环很快就把P2P公司拖入资金链断裂的绝境。

质疑P2P的商业模式并非否定小微金融的前景，而是否定金融业务中的"互联网思维"。互联网没有改变金融的本质和规律，迄今为止也没有创造出新的商业模式，但它确实为我们开拓小微金融市场提供了一个有力的工具。

线下金融+互联网

上海某小贷公司在长期的实践中摸索出了一套线下和线上相结合的风控技术，他们总结为"报表还原，交叉验证，信息数字化，流程标准化"，能够较为准确地判断小微企业的还款能力,从而有效地控制了风险。

公司信贷业务人员向企业或个人贷款申请者发出标准化问卷提纲,对每一个申请者做现场访谈和调查,收集各种信息,还原出借款人的财务报表,同时利用线上数据进行交叉验证,审查其还款意愿。根据还原的财务报表,利用多维度数据和数学统计模型,估算小微企业的还款能力,确定贷款额度和贷款利率。

虽然线下加线上的风控质量较之单纯线上高得多,这个模式的缺陷也很突出,那就是线下操作的成本偏高。为了降低信息获取成本,阿里巴巴利用淘宝、天猫、支付宝等平台上的交易数据,分析中小企业的经营和信用状况,在此基础上决定是否授信以及授信多少。自2010年开展小贷业务到2016年底,阿里系累计为500多万家中小企业融资,累计贷款额8 000多亿元,余额约1 000亿元。

类似阿里利用低成本数据做金融业务的还有腾讯,以消费贷为主的微众银行2017年底贷款余额1 000亿元人民币[⊖],未见关于企业贷款的报道,可能是因为以微信为核心的腾讯生

⊖ https://app.myzaker.com/news/article.php?pk=5ab34ca45d8b54564871797b&from=singlemessage&isappinstalled=0.

态平台上缺少企业数据。截至 2017 年底，京东金融贷款余额为 711 亿元，其中消费贷款余额 485 亿元，供应链贷款余额为 226 亿元。[一]京东（J）拥有自己的供应链，基于业务关系、对供应商的了解和供应商存货的抵押，才能做供应链金融服务。

尽管这些数字看上去相当可观，对比中国人民银行发布的全国统计数字就显得微不足道了。2017 年底全国贷款余额 120 万亿元，其中小微企业贷款余额 24 万亿元，消费贷款余额约 9 万亿元。

BATJ 这些有数据的大平台做金融业务，也就只有个位数的市场份额，目前看不到进一步扩大的可能性，那些没有数据的 P2P 公司如何评估和控制借款人的风险呢？它们的资产规模也可达到百亿元的数量级，这确实令人匪夷所思。2016 年中之前，风险投资基金大举进入这个领域，以为这是投资互联网的最后机会，要求用户数和贷款余额的增长参照互联网行业的标准，为满足对赌条件，P2P 公司放松了风险控制，所以不出问题才是奇怪的事。

即使对于 BATJ，贷款业务也仅限于在它们的平台上做过

[一] https://tech.sina.cn/i/gn/2018-05-10/detail-ihaichqz8237991.d.html?from=singlemessage&isappinstalled=0.

交易的企业与个人,并且仅限于利用交易数据即可判断信用风险的用户。2017年淘宝和天猫平台上有商家1 000万户左右,据估计活跃商家(一个月之内至少有一次交易)约300万,占我国中小和小微企业不到10%,其中得到金融服务的企业比例更低。

纯线上金融之难,难在缺乏数据,难在交易和社交数据"含金量"不高,必须同时使用线下数据,才能把握好借款人的风险。纯线上金融的另一难点是产品的个性化程度高,特别是针对小微企业需求的金融产品,每个企业的情况都不一样,不可能设计出游戏、社交和电子支付那样的2C爆款产品。

我们对互联网金融的基本看法是,在当前的信用环境中,**单纯依靠线上数据无法做出准确的信用评级**,除非出现像美国FICO(Fair Isaac and Company,位于加州圣荷塞的一家数据公司[一])那样的专业评级公司。FICO的信用评级在市场上得到广泛的认可,因为它与银行、信用卡公司等金融机构合作,拿到了价值较高的数据,特别是借款人现金流的数据。眼下在我国,服务中小企业仍不得不采取线下和线上相结合的方式,并且要以线下为主,线上为辅。

[一] https://en.wikipedia.org/wiki/FICO。

前面提到的那家小贷公司正按照这个思路，努力实现操作流程的数字化、标准化，将它在市场中摸索总结出的风控技术移植到互联网平台上。借款人在移动终端上递交申请和相关资料，公司利用图像识别等技术以及第三方数据，核查资料的真实性和准确性，然后派人做现场尽职调查，补充数据。所有信息在第一时间、第一地点进入公司的 IT 系统，即时生成财务报表。公司的技术后台依据财务报表和统计模型，自动审批贷款额度，反馈给贷款客户。客户接受额度和利率后，系统自动放款，并跟踪提供贷后服务。在 P2P 过去一两年的大面积倒闭潮中，该小贷公司的信用贷款占比虽高达 90% 以上，仍然将不良资产率控制在 1% 以下。公司的客户群体稳定，各项业务照常进行。

线下加线上的风控模式虽然既没有梅特卡夫效应，也没有双边市场效应，但移动互联网和数据技术的应用放大了规模经济效应，降低了运营成本，形成了一套较为完整的小微企业融资方案。

社区互联网

无论运用互联网的金融公司或者为金融服务的互联网技术

公司（Fintech），都要立足于金融的根本，尽可能地降低风险控制的成本，以便降低贷款利率，扩大市场范围，为更多的小微企业提供融资服务。除了采用新技术，培育**民间信用增强机制**，提高对违约的惩罚力度，也是一个有效的方法。

孟加拉国格莱珉银行（Grameen Bank）创始人穆罕默德·尤努斯（Muhammad Yunus）是民间小微金融的典范。银行工作人员深入农村社区，组织农民形成4~5人的连锁互保小组，我们不妨称之为"实体互联网"或者"社区互联网"，向那些被传统金融排除在外的贫穷创业者贷款。小组成员一起申请，其中先有两人可得到贷款，如果按时还本付息，第三人和第四人才能接着借钱，待第二批两人如期履约，最后一人才有资格拿到贷款。在这种"顺位融资"（sequential financing）中，一人违约，全组信用受损，连环贷款就会中断。

五个人依亲情、乡情组成利益共同体，既有相互帮助共同发展的动力，也有违约连累同伴的道德压力。我们可以把这样的联保想象为一张网络，网络节点即小组成员之间的经济上和心理上的互动产生梅特卡夫效应，并使信息收集与分析的成本大大下降，有助于克服困扰金融业的头号难题——信息不对称。和电子互联网不同的是，社区互联网仅限于街坊邻居和亲戚朋友。

尤努斯和他的贷款客户们

穆罕默德·尤努斯,1940年生于孟加拉国吉大港一个珠宝商家庭,达卡大学经济学学士和硕士。尤努斯创办过成功的个人企业,本可在商界出人头地,或许受母亲关爱穷人的影响,"发现了自己在经济学和社会改革方面的兴趣"。1965年赴美学习,1969年获范德比尔德大学经济学博士学位,1972年回到孟加拉吉大港大学任教。1974年孟加拉大饥荒时,尤努斯发现,极小数量的贷款可以显著提高穷人的生存能力,于是成立了一个"吉大港大学乡村发展计划"进行研究。尤努斯1983年创建格莱珉乡村银行,截至2016年底,共有2 500个支行,900万会员(即注册借款人),其中97%为女性。银行累计发放贷款200亿美元,贷款余额18亿美元。⊖

资料来源:https://en.wikipedia.org。

无独有偶,国内的企业家也开始在社区互联网的方向上积极探索。河北省的一家公司扎根农村,选择人品正直、街坊邻

⊖ http://www.chinamfi.net/upload/link/1705/fl13419.pdf.

里关系好,且有一定商业经验的农民作为乡邻小站的站长,培训他们收取存款和小额贷款等简单的金融操作,利用站长家里的空闲房间作为办理业务的网点(见图6-3),与商业银行合作,开展基于熟人关系的农村金融,有力地支持了农村经济的发展。站长不领取工资,收入来自为商业银行吸收储蓄的佣金。小额信贷不出村,便于控制风险。

事实证明,小微金融大有可为,关键要有正确的思路。国有大银行成立中小企业金融贷款部门,监管机构下达行政指令,规定必须完成的中小企业贷款数量并限制利率,这些做法用心良苦,却无异于狮子捉老鼠,有悖金融的逻辑和市场规律。大银行的成本高居不下,宏伟壮观的大楼、中心城市高素质人才的高工资、庞大而复杂的IT系统……所有这些决定了它们只能做规模效益好、有抵押的标准化大额业务,而不可能将网点延伸到城镇街道和乡村。狮子捕猎水牛的强健肌肉和锋牙利爪对老鼠完全不起作用,碰到几万、几十万一单的贷款,做惯了标准产品的团队一筹莫展,为大客户服务的IT系统也不能对接众多的中小企业。

服务小微企业必须依靠分散的、多样化的和本地化的民营中小金融机构,面向社区和当地企业,借助移动互联网和当地的社会网络,降低信息成本、风控成本和违约惩罚机制的成本,终极目标是降低利率,让金融服务触达尽可能多的基层经济细胞。

图 6-3　农家房间改装的网点办公室和太阳能发电

注：一部电脑、一台打印机和 ATM，一切都是低成本。发放小额贷款，帮助农民投资太阳能发电，安装在自家房顶上。售电有收入，贷款违约的风险极低。

资料来源：图片来源于互联网。

小结

互联网金融没有梅特卡夫效应,即使有双边市场效应也相当微弱。互联网的应用并未改变金融的本质,金融机构的头号任务仍然是风险控制而不是资产规模扩张。控制风险的关键是克服信息不对称,采用互联网虽然可以快速对接出借人和借款人,收集和分析网上数据,但不足以给出准确的风险评级和可靠的贷款审批依据。在现有的信用环境中,线下加线上(而非互联网+)是更为可行的小微金融模式。大力发展民营小型金融机构,建立多样化的信贷供应体系,有助于解决长期困扰中小企业的融资难问题。

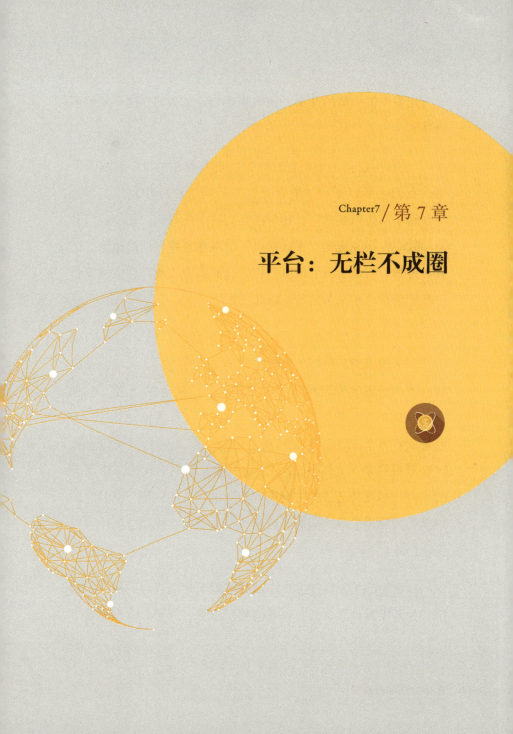

Chapter7 / 第 7 章

平台：无栏不成圈

几乎在每一章的开头,我们都要先定义名词,这一章也不例外。

"平台"在本书中泛指具体的、现实存在的线下和线上网络。我们之所以不用"平台效应"一词(见第4章),是因为平台除了双边市场效应,还可能有梅特卡夫效应、规模效应和协同效应,用笼统的"平台效应"会混淆这些不同的概念。区分各种效应有助于我们准确把握平台的商业实质,在实战操作中有针对性地采取不同的策略和方法。

平台可以是实体的,例如义乌的小商品市场(见图7-1),也可以是虚拟的,像网上约车的优步(见图7-2)。义乌小商品城由改革开放初期的地摊集市发展而来,截至2015年,它拥有营业面积550万平方米,商位7.5万个,日客流量21万人,经营180万个SKU,年交易额3 500亿元,与219个国家和地区有贸易往来(义乌批发网)。这是前互联网时代的一个巨大的平台,和亚马逊、淘宝网没有商业本质上的区别,只是它的规模受到物理空间的限制,而电子交易平台在虚拟空间中可以无限扩张。

有意思的是,现在义乌小商品城除了建立自己的网上销售平台和开发移动端App,还登陆阿里巴巴、苏宁等大型电商平台,以+互联网的方式,突破物理空间的局限,批发业如第5章所讲零售业一样,呈现出线上线下互相融合的趋势。

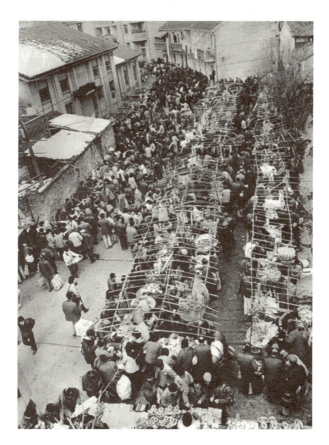

图7-1 平台:1982年9月义乌第一代小商品市场

资料来源:图片来源于互联网。

图 7-2　平台：优步约车

资料来源：图片来源于互联网。

在互联网时代，"平台"就算不是媒体里出现频率第一高的词，也是最高的之一。那么作为一种商业模式，平台究竟是什么呢？

要害是壁垒而非规模

谷歌前 CEO 施密特定义平台为能够吸引供应商及用户群，通过互动产生交易的多边市场。㊀《平台革命》一书的定义较长，具体表述为：基于外部供应商和客户之间的价值，匹配供给和

㊀ 埃里克·施密特，乔纳森·罗森伯格，艾伦·伊格尔. 重新定义公司：谷歌是如何运行的[M]. 靳婷婷，译. 北京：中信出版社，2015.

需求，创造互动的商业模式；为互动提供开放参与的架构，并设定治理规则；通过市场交易，为所有参与者创造价值。[○]

我们可以从这些定义归纳出平台的几个性质。第一，平台是**供应商和客户互动**的场所，客户可以是消费者，也可以是厂商。第二，平台的使用者在**互动过程中产生新的价值**。价值可以是平台创造的，也可以是平台的使用者创造的，例如外卖平台的价值产生于餐馆和消费者的交易中，平台提供的信息服务和技术支持（包括外卖小哥）帮助双方实现价值。平台上的餐馆越多，搜索效率越高，消费者就越是愿意使用平台；反过来，平台上的消费者越多，就会招徕越多的餐馆与平台合作。显而易见，平台具有双边市场效应。

有了双边互动和价值创造还不够充分，我们为平台加上第三个必备的条件，**进入和退出壁垒**。进入壁垒即俗话说的护城河，是阻止竞争对手的障碍；退出壁垒决定平台客户的黏性。

进入和退出壁垒是重要的，因为平台的特点本来就是开放和自由，没有摩擦，没有限制，没有障碍，用户进来容易，退出快。如果护城河不够深，城墙不够高，遇到强敌入侵，大好

○ 杰奥夫雷·帕克，马歇尔·范·埃尔斯泰恩，桑基特·保罗·邱达利. 平台革命：改变世界的商业模式 [M]. 志鹏，译. 北京：机械工业出版社，2017：6.

形势有可能瞬间逆转。

缺少进入壁垒而丧失先发优势的案例俯拾皆是。网页搜索最初是雅虎的天下，由于它的手工编码技术简单，客户体验差，谷歌用关系型搜索打入这个领域，攻城略地，迅速取代雅虎成为新的霸主。谷歌称霸之后吸取了雅虎的教训，不遗余力地在搜索技术上投入，确保最好的客户体验。体验是留住客户的关键，风景这边独好，别的地方都不如这里，来了就不想走。当微软借力 Windows 雄厚的客户基础，推出必应（Bing）染指网页搜索时，谷歌阻止了微软的攻势，不仅牢牢地守住而且扩大了自己的阵地。搜索技术既是谷歌抵挡竞争者的护城河，也是滞缓用户退出的壁垒。

强调进入和退出壁垒的意义在于，互联网创业公司一开始搭建平台的时候，就要想到护城河在哪里，靠什么留住客户。客户注册登录一个平台，因为平台可以给他带来价值，他留在这个平台上，因为这里的价值具有一定的不可替代性，比如谷歌搜索就是比必应好用。换句话说，平台不仅要为用户创造价值，而且价值要足够大、足够独特，才能筑起足够高的进入壁垒，抗击"家门口的野蛮人"，保护得来不易的市场。

特别需要指出的是，规模不构成进入壁垒，市场的逻辑与此正好相反，建起壁垒才能做大规模。优步于2014年正式开展在华业务，2016年已占据三成市场份额，在一线城市中份额超过40%。2015年本土网约车公司滴滴出行成立，凭借本地优势，与优步发生正面冲突，不断侵蚀它的市场，最终迫使优步退出中国市场。除了对当地市场和客户缺乏了解，例如没有客服电话，只能发电邮投诉，优步还输在了技术过于简单和产品趋同上。不能以差异化的服务反击对手，优步只能祭出低价揽客一招，在打了20亿美元的补贴大战后，黯然收兵回营。2016年8月1日，优步将其全部中国业务以70亿美元的价格卖给了滴滴。

然而，胜利者也只是赢了一个回合而不是一场战争。优步退出网约车市场后，美团2017年2月在南京上线打车软件，每周奖励司机1 800元。滴滴立即应战，奖励司机1 900元。㊀ 2018年3月，美团进入上海，同月阿里系的高德顺风在成都和武汉上线，滴滴发现自己处于昔日优步的位置上，它将如何应对呢？2018年4月携程获得网约车牌照，它从2015年即开展专车服务。携程既有资金、销售渠道、客户基础，又是本土企业，做互联网平台轻车熟路，未来的争夺可能更加激烈。毕竟这个市场的潜力太诱人了，而且，进入壁垒又这么低！

㊀ https://baijiahao.baidu.com/s?id=1589449990647286865&wfr=spider&for=pc.

2018年滴滴在短时间内连续出了两桩严重的安全事故，不得不停止了夜间叫车服务，原有客户纷纷迁移到竞争对手那里。补贴带来了规模，却没有带来任何客户忠诚度，在同质化的产品和服务面前，理性的消费者只认钱而不认人。

价格战信奉者常挂在嘴边的一句话是："先低价占领市场，形成垄断后再提价赚钱。"这话逻辑上自相矛盾，实战中也得不到验证。靠低价获得垄断地位，一旦提价，逐利的平台用户还不立即作鸟兽散？谁来使用你的平台？除非你的低价策略已经彻底打倒了所有的竞争对手，当你提价时，无人卷土重来，你的平台在市场上是唯一的。然而我们知道，如果能靠成本和技术做到市场的唯一，当初就不必打价格战了。

以补贴做规模，说穿了是企业竞争的失败，不能在技术和服务上超越对手，转到资金市场上一决雌雄。从2015年5月到收购优步为止，滴滴累计融资80亿美元，而同期优步融资仅为10亿美元。㊀在这期间，虽然双方的产品和服务都有改进，但最终的胜负仍取决于资金实力而不是用户的选择，多少是有些令人遗憾的。

㊀ https://tech.sina.cn/i/gn/2017-07-31/detail-ifyinvwu4046972.d.html?from=singlemessage&isappinstalled=0。

重规模轻价值的平台战略在共享单车上再次出现。2015年1月北京摩拜科技公司成立，同年10月得到A轮融资，公司估值1 500万美元。2016年摩拜单车先后在上海、北京投入运营，2017年6月完成E轮融资6亿美元，公司估值30亿美元，2018年4月被美团以37亿美元的价格全资收购。看上去这是一个平台战略成功实施的精彩案例，在三年多的时间里，一家公司从零做起，成长为全球最大的单车运营商，在9个国家的180个城市拥有700多万辆单车，日订单量超过3 000万，为世界上的2亿人口（主要在中国）提供短距出行服务。

从公开渠道得到的有限数据表明，断言成功为时尚早，研究分析人员至今不知摩拜如何赢利，按照本章上面的定义，摩拜甚至都不是一个平台，没有形成供应商和用户之间正反馈，到目前为止，只有一家供应商在为消费者提供服务，那就是摩拜自己。人们或许可以想象，摩拜平台上将来会出现多种业务，就像亚马逊从单一的电子书销售走向"万物商店"（详见第5章）一样。这个前景不是没有可能，但要走到这一步，摩拜必须想办法赢利，起码也要做到现金流的平衡。2017年摩拜收入11亿元，当年亏损68亿元，形势并不乐观。

更为严峻的是挑战者ofo步步紧逼，由于在服务上很难差异化，双方也没有特别的技术壁垒，竞争就只剩下一个手段——价格战。"你的押金299，我的押金199，你的月卡2块钱，我的月卡仅1块钱"，甚至出现了消费者骑车还有钱送的可笑情况。同样因为进入壁垒低，当摩拜和ofo在大城市打得不可开交时，一批新公司冒了出来，抢占三、四线城市和农村市场。竞争者如此之多，一时间街上五彩缤纷，以至于区分公司的颜色都不够用了。单车的投放到了挤占车道和人行道的地步，影响了正常交通，市镇政府不得不出面清理整顿，出现"尸骨如山"的悲壮画面（见图7-3）。

图7-3　共享单车尸骨如山

资料来源：图片来源于互联网。

以规模为目标，即使做出了规模甚至已经上市，公司也随时可能发生危险。将精力和资源投入规模和流量扩张，无心且无力开发核心技术，缺少护城河的规模扩张快，坠落更快。美图秀秀先后融资 30 多亿元人民币，它的图片美化处理一直领先市场，短视频美拍超越腾讯微视，2015 年用户就突破 1 亿[一]，并于 2016 年在香港成功上市。不料 2017 年短视频市场杀出一匹黑马——抖音迅速蹿红，成为消费者的新宠。到 2018 年初，美图的月活跃用户损失了 50%，股价从最高点的 23 港元跌至 2018 年底的 2 港元。

抖音不仅在短视频市场上高居首位，而且助力它的母公司今日头条开疆拓土。今日头条以新闻发布和推送为主业，其自身以及从抖音导入的流量让它在 2018 上半年有了 2.4 亿的月活跃用户，直追腾讯新闻的 2.63 亿。要知道腾讯有来自 10 亿微信用户和 8 亿 QQ 用户的巨大流量，今日头条能和它打成平手，实属不易，一个重要的原因是抖音在短视频上的优势。2018 年中，抖音的月活跃用户突破 2.5 亿，而腾讯微视只有区区 1 000 万。[二] 然而"螳螂"捕"蝉"，"黄雀"在后，抖音的

[一] https://mp.weixin.qq.com/s?__biz=MzI1NTk2NzY3Mw==&mid=2247489404&idx=1&sn=8b9d7927938986ad64462a9139679818&source=41#wechat_redirect.

[二] https://baijiahao.baidu.com/s?id=1612182999875573632&wfr=spider&for=pc.

快速成功激发了不少模仿者,类似的视频网站纷纷上线,人们自然会问,抖音能否以及如何避免被别人颠覆?

规模不能确保无忧,小老鼠都可以令大象惶恐。2015年9月问世的拼多多竟让淘宝寝食难安㊀,拼多多不仅分流这位交易平台老大的客户,而且利用购物者的天然联系,搭建社交群,威胁到社交平台巨头微信的统治地位。在拼多多的压力下,国内最大的线上零售商于2017年8月发布"京东拼购",2018年6月又推出拼购小程序。规模没有给这些大公司带来安全保障,反而有可能让它们陶醉在天下无敌的幻景中,忘记了护卫平台的首要任务——为客户创造价值。

强调价值创造并不否认一个事实,曾有创业者和风投基金赢得了规模的竞赛,上市套现成功,问题在于幸运儿少之又少,并且不无讽刺的是,规模和速度至上的策略进一步降低了创业成功的可能性。为了尽快扩大规模,免费或补贴用户,后果是长期没有收入,更不要说利润了。面对资金链断裂的危险,创业公司不得不将宝贵的资源投入融资活动而不是技术和产品的开发活动。公司在城市黄金地段租用甲级写字楼;创始人绞尽脑汁想象动人的投资故事,编制精美的PPT,奔走于拜

㊀ http://baijiahao.baidu.com/s?id=15980610712679408908&wfr=spider&for=pc&isFailFlag=1.

见风投基金（VC）的途中，以至于人们戏称这类公司既不是2B的也不是2C的，而是2VC的。

2VC对于VC未必就是福音，专注融资而非价值创造的企业能给VC投资带来高回报吗？当下流行的一个做法是VC设定规模、速度等目标和企业对赌，为了实现这些目标，企业通常牺牲长远的发展，尽一切可能哪怕弄虚作假也要交出符合目标的短期业绩。如果对赌失败，创业者必须转让股份给VC，有时会因此丧失控股权。当创业团队的股份降到很低时，比如说10%以下，创业者还会像以前那样打拼吗？VC手握控股权又有什么意义呢？

造就平台的是进入壁垒而不是规模。虽然壁垒在很多情况下和平台的第二性质客户价值相重叠，但客户价值未必足以为企业构筑壁垒，而壁垒对客户一定是有价值的。共享单车有客户价值，但价值太小因而公司收入太低，是一具依赖外部输血维持生命的病体。滴滴也有客户价值，公司收益也无法覆盖成本，它需要在平台上推出更多、客户价值更高的产品，以避免重蹈前人覆辙。

烧钱打造生态圈、补贴培养消费习惯、先垄断再提价，这些媒体津津乐道的策略无一与壁垒相关，无一指向价值创造，非但不是通向成功的秘籍宝典，反倒可能是泥潭，令企业陷入其中不能自拔。

价值来自技术，谷歌创始人之一埃里克·施密特对此有深刻的见解。施密特坦率地承认谷歌在平台竞争上犯的错误，公司曾计划将其网络广告上的优势，推广到纸媒、广播以及电视等平台。构想巧妙，背后也有创意人才的支持，但缺少高性价比的产品以及拥有突出优势的**基本技术洞见**，结果都以失败告终。所谓技术洞见，是指以创新的方式应用科技或设计，实现生产成本的显著降低，或产品功能和可用性的大幅提升，与同类产品拉开距离。[一]

同样，《平台革命》的三位作者始终围绕着价值而非规模讨论平台战略，他们认为，**平台必须赢利**。这是不言而喻的，赢利说明平台价值得到用户的认可，说明平台的价值大于创造价值所支付的成本。规模并不自然产生利润，有时用户数量减少，赢利能力反而大幅提升。[二]例如平台可以适当收费，这样虽然排除了一些人，付费留下来的用户对平台价值有更高的认

[一] 埃里克·施密特，乔纳森·罗森伯格，艾伦·伊格尔.重新定义公司：谷歌是如何运行的[M].靳婷婷，译.北京：中信出版社，2015：49-51.
[二] 杰奥夫雷·帕克，马歇尔·范·埃尔斯泰恩，桑基特·保罗·邱达利.平台革命：改变世界的商业模式[M].志鹏，译.北京：机械工业出版社，2017：114.

同，成交率更高。如何识别用户价值、设计定价和营销策略，关系到平台的成败，有兴趣的读者可进一步阅读该书第 3 章和第 6 章的精彩论述。

得技术者得天下

什么是护城河或进入壁垒？进入壁垒要满足两个条件：对平台用户有价值以及**竞争对手难以模仿**。形成并保护苹果生态圈的有两大法宝：高性价比的智能手机和 iOS 操作系统。自从发布 iPhone 3 以来，苹果就以一骑绝尘的态势占据了智能手机的制高点，消费者买了手机就进入了苹果的生态圈。请注意，吸引消费者的是手机的性能、外观、使用的方便，而不是补贴或者低价。补贴虽然对消费者有价值，但这种营销手法太容易被模仿，因而不构成进入壁垒。

使用苹果手机的人多，自然吸引了应用程序 App 的开发者，在苹果 iOS 和辅助工具的支持下，外部供应商与个人纷纷进入苹果的平台，推出销售商品、服务、视频、音乐、图书的 App，而日益丰富的 App 反过来又促进了苹果手机的销售，于是形成供应商和消费者之间的互动，由此产生双边市场效应。苹果 AppStore 里有 200 多万个 App 为第三方商家开发

（见图7-4），商家将App上载到平台或用户下载有时甚至每一次使用都会给苹果带来收入，苹果坐着收钱，难怪企业都对平台、生态圈"趋之若鹜"。

图7-4　苹果AppStore里有200多万个App

资料来源：图片来源于互联网。

2016年10月，美国《财富》杂志发表了一篇题为《苹果不再是硬件公司》的文章，注意到当年二季度苹果的非硬件收入达63亿美元，虽然只占总收入的13.4%，但同比增长24%，而传统的iPhone、iPad、电脑等硬件收入减少了10%～20%不等。文章作者认为，苹果正快速转型为软件和服务公司，音乐、电子支付、AppStore、云计算等软件业务将成为公司收入的主要来源。这个靠硬件起家的科技巨人无意中构建好了自己的平台和生态圈，准备在高墙深河保护下的平台上大展身手。

竞争对手虽然可以模仿苹果的模式，研制自己的手机，开发自己的操作系统，但那需要时间，需要技术的积累，不是短期烧钱能烧出来的。当追赶者带着自己的手机上场时，苹果又推出了性价比更高的新一代产品。

反过来讲，缺少核心技术作为护城河，平台建起来了也可能垮掉。IBM 曾经是个人电脑行业的标准和毫无争议的霸主，它以开放的方式采用了英特尔的 CPU 芯片和微软的 Windows 操作系统，并允许其他厂家生产与 IBM 兼容的 PC 机。这个被人们称为 Wintel 的生态系统极大地推动了 IBM 个人电脑的销售，特别是长期压制了苹果公司 PC 业务的成长。这个生态的真正获益者却是英特尔和微软，英特尔借 IBM 兼容机的东风成为世界第一的半导体公司，盖茨则搭着 PC 机的便车卖他的 Windows，建造了自己的软件帝国。旗手 IBM 却在 2004 年将 PC 业务整体卖给了联想，完全退出了这个市场。

得技术者得天下，生态圈再大，终究属于核心技术的创造者。

技术构成平台的进入壁垒，这个说法和平台的开放性难道不相互矛盾吗？谷歌的安卓系统看上去不就是个没有壁垒的开放平台吗？其实壁垒依然存在，只是设置地点不同而已。

谷歌于 2005 年收购安卓（Android），2007 年与 80 多家软件开发商、硬件制造商和电信运营商结成联盟，共同开发和改进安卓手机操作系统，供联盟内外部商家免费使用。安卓 1.0 版本 2008 年发布，经过几次升级，很快就超越苹果，成为世界第一的移动终端操作系统。2017 年全球销售的智能手机中有 12.4 亿部安装了安卓系统，占有市场份额 85%，其中包括三星、华为、OPPO、vivo 和小米，苹果系统以 2.3 亿部位居第二。[一]

谷歌投入资源维护和更新免费的安卓系统，并不是单纯的履行社会责任，它拥有与苹果 AppStore 类似的应用程序平台 Google Play，这个平台理所当然地是基于安卓系统的，而且是收费的。读者或许马上会联想到安卓系统的商业价值，的确，2018 年一季度 Google Play 上有 380 万 App，几乎两倍于苹果的 200 万。[二]

苹果 AppStore 的进入壁垒是苹果智能手机和 iOS 操作系

[一] https://www.statista.com/statistics/309448/global-smartphone-shipments-forecast-operating-system/.

[二] https://www.statista.com/statistics/276623/number-of-apps-available-in-leading-app-stores/.

统,谷歌靠什么阻挡"野蛮人"的入侵呢?谷歌自己不生产手机,安卓操作系统又是开放和免费的,如何为 Google Play 挖掘护城河呢?答案是除了苹果,谷歌无须担忧其他竞争对手的冲击。按出货量部数计算,安卓系手机 2017 年的市场份额为 85%,苹果不到 15%[一],剩下的百分之零点几不足以构成对安卓系的威胁。

如果说封闭系统中的苹果手机是 AppStore 屏障外部威胁的高墙,使苹果以不到 15% 的市场份额攫取了 80% 以上的行业利润[二],开放的安卓系手机则像一个巨大的漏斗,将消费者从安卓平台导向另一个平台 Google Play。不仅如此,从手机终端上网的客户还为谷歌带来了巨大的搜索流量,而搜索正是谷歌的主要收入来源。2010~2015 年,安卓手机用户至少给谷歌贡献了 310 亿美元的收入。[三]

回过头来看,谷歌 2007 年组织移动终端联盟是它今日称雄的关键一步。问题在于为什么盟主是谷歌而不是别人呢?客观地讲,竞争对手的商业模式和操作失误成全了谷歌。当

[一] https://www.idc.com/promo/smartphone-market-share/os.

[二] https://www.forbes.com/sites/chuckjones/2017/05/29/how-important-is-apples-iphone-market-share/.

[三] https://www.androidauthority.com/how-does-google-make-money-from-android-669008/.

年有希望角逐盟主地位的还有苹果和微软。带有创始人乔布斯的鲜明特征，苹果向来我行我素，独步天下，从未认真地探讨过与他人的合作。作为一个手机制造商，苹果也不可能与其他厂家分享操作系统。微软虽然没有自己的手机品牌，并且看到手机操作系统是下一个兵家必争之地，不得不投入资源开发 Windows Phone，无奈公司上下多年享受个人电脑市场上 Windows 的丰厚利润，昔日斗志不复存在，研发步履蹒跚，产品体验问题多多，完全不是安卓的对手。

谷歌是众望所归的盟主，彼时刚刚超越雅虎，气势正盛，而雅虎的衰落则可归因于陈旧的信息组织方式。人类第二个千禧年初期，互联网呈现出大爆炸式的增长，谁能引导人们在星云弥漫的全新网络空间中巡游，谁就是这个新世界的舵手。雅虎沿用传统的图书馆分类，建立层级式的网页索引而取得先机。但是雅虎的网页查找方法速度慢，准确度低，而且手工编制索引远远跟不上网页增加的速度。

谷歌的两位创始人发明了基于内容的链接查找即关系型搜索，大大提高了搜索效率，两位创始人同时还实现了索引的机器自动编制。2013 年谷歌索引上的网页数达 30 万亿，五年间增长了 30 倍，2016 年这个数字增加到 130 万亿。谷歌很快取代雅虎，掌握了互联网世界的地图和入口。当人们寻找互联网时代手机操作系统的管理者时，还有谁能比谷歌更为合适呢？

分析至此，因果关系十分清楚，没有搜索引擎的创新，就没有以谷歌为核心的安卓开放平台，也就没有 Google Play 的封闭生态圈。若想颠覆 Google Play 的平台，必先颠覆谷歌在搜索上的统治地位。谷歌深知危险所在，不遗余力地开发和改进技术，确保它的搜索永远是用户体验最好的和效率最高的，搜索技术就是安卓系统的进入壁垒，从而也是 Google Play 生态圈的进入壁垒。进入壁垒往往也是退出壁垒，只要谷歌的搜索引擎保持最佳的体验，用户就没有理由转向排位第二的微软必应。

从苹果和谷歌的对比可知，开放或封闭并不是平台的要害所在，应当重点关注的是根据技术优势设计商业模式和经营策略，是持续地为用户创造价值。只要谷歌的用户价值大于必应，即使迁移成本等于零，用户也不会流失。

壁垒不必是高科技，貌不惊人的砖头、水泥和卡车也可以成为进入壁垒。唯品会自建仓储物流，保证货品的及时配送，公司看上去是资产过重，正是这些重资产和经验丰富的团队构成了唯品会的城墙与护城河，2017 年公司的净资产收益率高达 35.5%。[一] 互联网时代崇尚轻资产，其实资产轻重不能作为

[一] https://baike.baidu.com/item/%E5%94%AF%E5%93%81%E4%BC%9A.

判别公司效率的指标，**资产回报率**才是关键。当当尾品汇是轻资产的线上开放平台，曾在 2013 年和唯品会展开"双汇大战"，如今网上再也搜不到自那之后关于它的报道。

小结

平台以其巨大的双边市场效应、规模效应和协同效应成为互联网公司的首选商业模式，对很多创业者而言，平台却意味着永无休止的烧钱和融资压力下的焦虑。创业艰辛，守成更难，再大的平台也要时刻提防不知从哪里冲进来的掠食者。围绕着平台的爱与恨，皆源于其开放的性质。只有开放才能吸引众多的用户，激发用户间的互动而产生各种经济效应；也正因为开放，平台易攻难守。本章以进入壁垒为主题，似乎与开放的原则相悖，实则强调为用户创造价值。客户价值既是建立平台的前提，也是维护平台的根本。补贴仅仅是价值从公司股东到用户的转移，而非价值创造，而营销手段则连价值转移都谈不上。这两种常见的平台策略都不足以成事，价值创造来自谷歌前 CEO 施密特所讲的"根本的技术洞见"。

Chapter8 / 第 8 章

共享：公路还是租赁？

2001年1月15号，威尔士和桑格注册上线维基百科，到2018年初，这个由使用者共同维护和更新、完全免费的百科全书仅英文版就有580万词条（见图8-1），相当于2 500卷印刷的大英百科全书，维基百科所有语种加起来总共有4 800万词条。⊖2007年，谷歌和全球主要手机生产商（苹果公司除外）发布了开放源代码（open source，简称开源）的安卓系统，安卓在很短的时间内便跃居手机操作系统的首位（见第6章）。同样是开源的操作系统Linux，被广泛地应用在手机、PC、超级计算机和服务器上。软件共享似乎成为一时之风。

共享的线下火热程度不亚于线上，被誉为共享经济典范的爱彼迎创立于2008年，这家提供旅行住宿服务的公司在2017年的最近一轮融资中，估值高达300亿美元，而传统的希尔顿酒店的市值仅仅是它的一半。⊜优步在2018年初的一项交易中报出了720亿美元的估值⊜，沙特主权基金和软银都投资了这家未上市的汽车"共享"公司。与希尔顿不同的是，爱彼迎采用了互联网作为运营的技术中枢，优步也是如此。

⊖ https://en.wikipedia.org/wiki/History_of_Wikipedia.

⊜ https://www.vanityfair.com/news/2017/03/why-airbnb-is-now-almost-twice-as-valuable-as-hilton.

⊜ https://www.recode.net/2018/2/9/16996834/uber-latest-valuation-72-billion-waymo-lawsuit-settlement.

大洋此岸也不甘落后,继电商、平台、P2P、VR、大数据之后,媒体发起一轮新名词的密集轰炸——仅名词而已,这次是"共享(sharing)经济"。创业和投资的灵感如雨后春笋般涌现,共享单车、共享汽车、共享充电宝、共享雨伞……又一个美好的新时代即将到来!

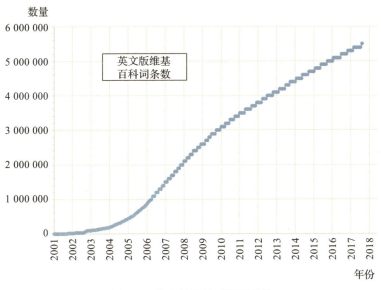

图 8-1　英文版维基百科词条数

线上出租

仔细观察人们津津乐道的爱彼迎和优步,不难发现,两者的商业实质都是**租赁中介**，和保险销售中介或者二手房销售中介没有什么不同。爱彼迎协助个人房东出租闲置的房屋，从中抽取销售佣金，除了自己不拥有房产，其业务性质和希尔顿那样的常规酒店没有根本的区别，与携程的民宿酒店预订业务几乎完全相同。

优步既不拥有车辆，也不雇用司机，在网上收到个人出行的用车需求后，转给需求者附近的有车个人，碰上某人比如说汤姆正好有空，汤姆便开着自己的车充当出租车司机，获得一笔收入。和国内的滴滴打车一样，优步本质上是出租车服务的呼叫中心。

如同所有的市场中介，这两家共享经济的先行者毫无疑问为社会创造了价值。爱彼迎在互联网平台上对接房东和房客，充分利用了散落在社会各个角落的闲置资源，而且不同的房型和风格满足了常规酒店无法满足的客户个性化需求。民宿酒店也是个性化的，爱彼迎的差异在于全国性的平台，以及标准化的基本服务如清扫、合同签署和支付。爱彼迎通过商业模式的创新，开发了一个新的市场，冲击了传统的酒店业，但总体来看，它与现有的连锁酒店和民宿错位竞争，差异互补，不大可能赢家通吃，全面颠覆酒店业。

优步的故事不大一样。出租车服务基本上是同质的，优步从零散的个人车辆的运营进入呼叫车的业务，最近又推出了无人驾驶出租车的概念，一旦成功，不仅将颠覆现有出租车行业，而且会深刻地改变人们的出行方式。将来你不必拥有一辆私家车，今天晚上在网上预约一辆优步车，第二天一早这车准时到你的住处等候，载你到办公室后，驶向下一个预约者指定的地点。傍晚下班前你如法炮制，"共享车"——其实就是出租车——拉你回家。虽然是共享车，但绝不会免费，你约车的时候，商家已在网上绑定了你的信用卡或者支付宝，到达目的地后便自动扣费。

租房、租车公司为什么有那么高的估值？特别是和提供类似服务的传统公司相比，反差尤其令人惊诧。是因为爱彼迎和优步具有强大的梅特卡夫效应吗？虽然是互联网公司，无论租房还是租车，用户都不可能形成社交网络上那样频繁和活跃的互动，即使有梅特卡夫效应，也是相当虚弱的，高估值的原因应当从平台的双边市场效应和规模经济效应中寻找，而和共享经济是否代表未来的潮流没有多大的关系。

至于国内的各种"共享"，大都借题发挥，意在制造资本市场上的热潮。如同我们在第 6 章和第 7 章中分析的，这类平台的两大先天不足决定了它们衰败的命运。第一，业务模式既没有梅特卡夫效应,也没有双边市场效应,简单的商品出租包装成互联网时代的共享。第二,商业模式不可持续,价值创造有限因而收入有限,不足以覆盖运营成本,只能靠一轮又一轮的外部融资,待到基金投资者失去耐性,除了急匆匆去纳斯达克上市,便只有关门大吉。

值得认真分析的是各种软件的各种形式的共享。

情怀 vs 利益

自由开源软件(free and open source software,FOSS)被视为共享经济的典范,理查德·斯托尔曼是自由开源软件界的教父级人物,他从大学时代起就对使用计算机和软件的种种限制深恶痛绝,几乎是凭一己之力发起了自由软件运动,以圣徒般的坚定信念投身和引领着这个运动。斯托尔曼于1983年主持发布GNU项目,一个类似Unix但完全由免费软件组成的操作系统;1985年成立自由软件基金会,出任不带薪的基金会主席;1989年制定GNU通用许可证规则(general public license,GPL),成为应用最为广泛的开源软件许可证标准;1999年提出线上百科全书的设想,两年后付诸实施,建立GNUPedia——维基百科的原型。

理查德·斯托尔曼，1953年出生于美国纽约一个犹太人家庭，母亲是教师，父亲是印刷机经销商。青少年时期，斯托尔曼就对计算机产生了浓厚兴趣，曾读过哥伦比亚大学的高中生编程课，利用假期时间编写程序。1970年秋季入读哈佛，成绩优异。1974年从哈佛毕业，取得物理学学士学位，进入麻省理工学院攻读博士学位。1975年他决定放弃学业，专注于在麻省理工AI实验室的编程。1983年斯托尔曼发起自由软件运动，倡导软件的自由使用、共享和修改。为了对自由软件进行认证，斯托尔曼1989年制定了通用许可证规则（GPL）。自20世纪90年代中期以来的大部分时间里，斯托尔曼都在组织、宣传和参与自由软件运动，反对软件专利和数字版权管理，反对剥夺用户自由的法律和技术限制，包括终端用户许可协议、保密协议、产品激活、加密狗、软件复制保护、专有格式、二进制软件包（没有源代码的可执行文件）等。

资料来源：https://en.wikipedia.org。

"自由开源"中的 free 强调自由和权利而非免费,即得到授权的使用者可以自由拷贝、修改和转发软件给他人,拥有这些权利,软件的免费或基本免费是个自然的结果。open source 指软件的源代码公开,便于使用者操作和修改。包括斯托尔曼在内的几位自由开源运动领导者将这些权利命名为 copyleft,与传统世界中的 copyright 相对应。恰巧英文中的 left 和 right 分别是"左"和"右"。copyleft 是否带有政治立场的倾向?我们不得而知。

自由开源运动取得了显著的成果,其优秀代表当推 Linux 操作系统、阿帕奇(APACHE)的网络服务器和数据库 MySQL,加上网站编写语言 PHP,形成了一套相对完整的网络时代开源软件系统。

1991 年,纯粹在求知欲的驱动下,21 岁的芬兰研究生托瓦尔兹利用 GNU 的开发工具,推出了 Linux 操作系统的内核(Linux Kernel),公布在一家大学的服务器上。他在线上发出公告,邀请其他人共同参与核心系统的扩展开发,条件是凡用到 Linux 的软件都必须免费。Linux Kernel 目前依靠 5 000~6 000 个个人和公司开发者更新系统,他们大多数是软件工程师,就职于各家公司,利用业余或上班时间,无偿为 Linux 工作。

人 物

莱纳斯·托瓦尔兹，1969生于芬兰赫尔辛基市，Linux内核的最早作者，创作Linux后发起了这个开源项目，担任Linux内核的首要架构师与项目协调者，是当今世界最著名的计算机程序员、黑客之一。在外祖父的影响下，托瓦尔兹在11岁时就开始编写计算机程序。1988年，他进入赫尔辛基大学计算机科学系，1990年接触了Unix。1991年8月25日，在网络上发布了Linux内核的源代码。1996年，自赫尔辛基大学硕士毕业，移居美国加州，加入全美达公司（Transmeta），参与芯片的技术研发。1999年，托瓦尔兹接受Red Hat及VA Linux的股票期权赠予，这两间公司用Linux做商业软件的开发，公司上市后他的财产估值约为2 000万美元。

  托瓦尔兹坚持开源代码信念，对微软等公司的商业营销手段十分不满，言辞尖刻地反驳了微软对开源代码运动的批评，微软认为这个运动损害了软件的知识产权。

  资料来源：https://en.wikipedia.org。

与 Linux 相类似，民间组织阿帕奇从事网络服务器软件的研究与开发，世界各地的志愿者在网上沟通交流，共同负责系统的维护与更新，免费向用户提供阿帕奇软件。APACHE 网络服务器软件由伊利诺伊大学的国家超级计算机应用中心开发，可在大多数计算机操作系统中运行，由于跨平台和安全性高而被广泛使用。后因当初的开发者转向其他领域，APACHE 无人维护和升级，这个软件的一些使用者和爱好者自发组织起来，交流和分发自己修改的版本。1999 年 APACHE 软件基金会成立，协调和管理开发工作，负责更新代码。2019 年基金会有 883 位成员，包括中国区的 13 位。①目前全球超过半数的网站使用 APACHE 网络服务器软件，维基百科等访问量巨大的网站都名列其中。②

自由开源的初衷不可不谓高尚，软件如同知识，一旦开发出来，使用不产生任何额外费用，使用的人越多则社会效益越好。边际成本为零，为什么要收费呢？斯托尔曼认为，微软那样的公司利用软件发财是不道德的。

这个运动的参与者多少都受到所谓"黑客文化"（hacker culture）的影响。黑客们乐于展示他们的聪明才智和技术能

---

① https://www.chainnews.com/articles/626331352615.htm.
② https://en.wikipedia.org/wiki/The_Apache_Software_Foundation.

力，以巧妙和新奇的突破为荣，享受完成他人无法完成之事的过程。黑客文化推崇共享、开放、协作，相信所有信息都应该是免费的，人可以在电脑上创造艺术和美。斯托尔曼认为，黑客的共同特点是热爱编程和追求卓越。

然而现实永远不像理想那样美好，"人是生而自由的，却无往不在枷锁之中"（卢梭），自由开源的理想自诞生那天起，就无法挣脱商业利益的枷锁。

托瓦尔兹在发布 Linux Kernel 之初，网上响应者寥寥。半年之后，托瓦尔兹不得不放松限制，允许基于 Linux 软件的商业性开发与销售，很快用户数就从 1991 年的 100 人左右增加到 1994 年的 50 万人。㊀营利性公司参与开发，对开源软件的推广发挥了巨大的作用，据估计，2008～2010 年，Linux Kernel 核心代码的 75% 是由戴尔、IBM、惠普、甲骨文等大公司的程序员完成的。㊁ Linux 的宗旨也从最初单纯的自由软件转变为共享和商业应用并举。

安卓手机操作系统既有开源的基本版，也有商业化的升级版。我们在第 7 章中讲到，安卓的开源是谷歌对抗苹果的精明

㊀ 让·梯若尔. 创新、竞争与平台经济：诺贝尔经济学奖得主论文集 [M]. 寇宗来，张艳华，译. 北京：法律出版社，2017.

㊁ https://en.m.wikipedia.org/wiki/Linux.

第 8 章 共享：公路还是租赁？

策略，放弃没有希望击败苹果的硬件市场，构建一个手机厂商的联盟，通过共享的操作系统，将使用手机产生的流量导入谷歌搜索，提高搜索广告的收入。谷歌还建立了 PAX 专利联盟，加强对安卓的控制力，联盟成员可以共享安卓和包括谷歌在内的彼此的专利，条件是要在手机上预装 Google Play 及其他谷歌产品。⊖ 顺便提一下，完全免费的维基百科创始人威尔士同时经营着营利性的维基亚（Wikia），后者的产品和服务与前者有着千丝万缕的联系。

软件到底应该共享还有专有？应该是免费的公共工具还是商业公司的赢利手段？和所有的问题一样，答案是两者的平衡，"执其两端，而用中于民"（《礼记·中庸》）。借助经济学的分析方法，我们可以探讨这个"中"究竟在何处。

操作系统这样的底层软件类似实体经济中的基础设施，带有**公共品**（public goods）的属性。公共品的含义并非按字面理解的公有或者政府经营的商品，而是因为它的两个经济学的性质，**非排他性**（non-rivalrous）和**不可排除性**（non-excludable）。同一个汉堡，我吃了你就不能再吃，汉堡因此具有排他性。我在一条道路上开车，你也可以在上面开车，道路就不是排他

⊖ https://yq.aliyun.com/articles/687287。

的。我不付钱，麦当劳不会白给我汉堡，这叫可排除性。你我即使没交费，警察也无法禁止我们上路，除非是封闭起来的高速公路，道路因此就具备不可排除性。显而易见，软件既是非排他的，我的使用丝毫不妨碍你的使用，也具有一定的不可排除性，即很难将盗版者排除在外，或者说发现和惩罚盗版者的成本太高。

不可排除性意味着供应商收不到钱，不愿意架桥修路，结果公共品天生的问题就是供应不足。于是人们请政府出面，先把路费以税的形式收了，再用收上来的钱投资建设道路。政府可以征税，私人公司怎么办呢？微软的对策是把 Windows 装到 IBM 的 PC 机里一起卖。

互联网的基础设施谁来提供呢？政府的反应速度慢，跟不上急剧增加的市场需求，私人公司没有一家能够涵盖全网，即使有这个能力也不会得到所有市场参与者的承认。试想苹果公司会投奔谷歌，使用安卓系统吗？或者放弃自己的 Mac 而用微软的 Windows 吗？政府和商业公司能力的欠缺给个人与社会组织留出了巨大的空间，既然收不上来钱就干脆免费，自由开源是公共品供应短缺的民间解决方案，就像古代中国的乡绅自建宗族祠堂和学堂一样。

光宗耀祖的动机人皆有之，开源软件的志愿者究竟是出于什么样的考虑投身到这个运动中去的？他们的公司雇主为什么允许甚至鼓励他们占用工作时间，免费为社会开发呢？学术界的研究为我们理解这些技术人员的行为提供了线索。

诺奖得主梯若尔等人的一项研究（Lerner and Tirole, 2002）表明，软件工程师之所以愿意学雷锋，第一，是因为多种软件的开发可以提高他们的技能，有助于在公司的提职加薪。第二，在开源领域中的贡献增加了他们的市场知名度，从而增加他们未来的就业机会，例如进入其他的软件公司或风投行业。第三，开源软件比自己的常规性本职工作更富挑战，更"酷"，名声在外而获得同行的认可，满足个人的社会地位或得到尊重的心理需求。

阿帕奇是网络服务器开源操作系统的民间自发和自治组织，这个组织有五个层级的委员会，委员由来自各个公司的志愿者担任，级别根据他们对于阿帕奇的贡献确定。尽管委员们的时间和精力投入不能获得直接收入，然而研究发现，较高级别的委员在自己公司的工资比其他人高出14%~29%（Hann, Roberts, Slaughter and Fielding, 2004）。显然，在软件业的江湖地位使公司老板对自己另眼相看，从事志愿工作的间接收益足以补偿他们的时间投入。

转了一圈，我们才知道，原来是商业软件公司补贴自己的技术人员，鼓励他们参与开源软件的开发，用迂回的方式，解决了公共品供应激励不足的问题。市场这只无形之手，真是精妙无比！

明知技术人员有自己的小算盘，公司为什么要给雇员提供这样的隐性补贴呢？其中的利益关系也相当复杂。第一，显而易见的动机是规避专利封锁，打破独家垄断。我们已经知道，安卓联盟的成立意在抗衡苹果，尽管联盟成员对此讳莫如深。开源的安卓是基于 Linux 的，安卓系的手机厂家和软件供应商当然愿意看到 Linux 的不断改进和升级，以使它们在与苹果的竞争中处于相对有利的地位。与 Linux 类似，Apache 的存在也被视为是业界对微软支配性力量的回应。第二，参与开发工程，加深对开源软件的了解，使用开源软件的商业性公司可以更好地将自家产品与 Linux、Apache 等开源系统对接，有助于提高产品性能。第三，即便和开源软件存在竞争关系，公司也希望员工了解竞争对手的情况，从中找出制胜的办法，具有操作系统开发能力的微软和苹果都加入了 Linux 和 Apache，原因就在这里。

拥有众多国内读者的凯文·凯利（Kevin Kelly）在《失控》（*Out of Control*）一书的第 12 章写到，当你发明了一个数据加密的方法，最好是免费挂在网上供他人使用，因为越多的人使用你的免费软件，你的潜在收益就越大。通常的策略是 1.0 版本免费，吸引人们研究和使用这款软件，当他们要求更多功能的新版本时，便是赚取商业利润的大好机会。

从公司到个人，原来都是"精致的利己主义者"。我们不否认利他主义精神在软件开发中的作用，但这并不改变一个事实：商业世界中人们的行为主要来自理性的计算，毫不利己、专门利人的雷锋恐怕很难找到吧。

"共享"一词多少有些误导，"合作竞争"或许更准确地表达了新模式的实质。

开源共享不会成为软件行业的主流模式，而是会和专有营利形成互补和相互促进的关系。底层基础软件的共性大于个性，易于进行跨公司、跨空间的开源研发。在直接面对终端客户的地方，应用场景差异化程度高，共同开发从技术上来讲是非常困难的，只能由软件公司针对具体需求做商业性的开发，而且只有利润驱动，软件公司才能对市场需求快速反应，才能长期补贴和支持开源项目。

软件业尚不能完全开源共享，其他行业就更不用说了。软件业的特殊性在于可以线上传输设计方案，线上讨论、修改和测试,而一款新型轿车的研发必须集中在一个或少数几个物理空间中。软件的模块化也令实体经济行业羡慕,模块化意味着一个大的软件系统可以被分解为诸多的小模块或子系统,由分散在各地的团队相对独立地进行开发,一个模块内的更改不会或很少影响到其他模块,各模块的工作完成后在线上拼装起来调试。软件行业产品开发上的天然便利是其他行业难以企及的。

错得离谱的经济分析

共享经济重新点燃了人们对美好大同社会的向往,不同于媒体的简单标题,学者专家的包装要华丽得多,貌似严谨的经济学原理和对新技术的阐述让现世版乌托邦具有毋庸置疑的权威。暂不考虑固定成本,《零边际成本社会》的作者里夫金预言,随着技术的进步,人类提供消费品和服务的边际成本正迅速趋近于零,根据社会最优价格等于边际成本的原则,所有产品和服务将免费供应。㊀

边际成本等于零的信念建立在三张网的特性上:互联网上信息传递的边际成本等于零,能源网上的太阳能、风能等新能

㊀ 杰米里·里夫金. 零边际成本社会:一个物联网、合作共赢的新经济时代[M]. 赛迪研究院专家组, 译. 北京:中信出版社, 2014.

源的边际成本等于零,大数据驱动的物联网使生产和运输的边际成本等于零。

有了这三张网,作为信息发生器和传播器的市场失去存在的必要,人们做决策所需要的信息在未来处处是传感器的万物互联网中唾手可得。商店里传感器收集到的数据揭示消费者行为,全天候的大数据分析校准仓库里的存量,指挥生产和流通环节。智慧城市中的传感器检测、分析建筑物、桥梁、道路等基础设施的状况,道路堵塞和人流、车流密度,优化出行路线。森林、河流、土壤中的传感器检测环境的变化,及时报告污染,预警火灾、暴雨。传感器甚至被植入人体,检查心率、脉搏、体温,医生察觉重要的体征变化,提前采取措施。"市场让步于网络,所有权正变得没有接入重要,追求个人利益由追求集体利益取代……"里夫金先生断言道。

如果价格等于零,企业的利润将要消失,还有谁愿意投资创建企业呢?里夫金意识到这个问题,他说企业作为生产的基本单位在"协作共同体"(collaborative commons)的新经济中将被边缘化,甚至不复存在。没有了利润,怎样激励企业家和员工呢?毕竟利润是企业家的收入,员工的奖金也来自利润。里夫金说,个人将由集体利益和与他人分享的精神驱动。听起来耳熟吧?新经济需要新型的人方能运转。如何将现有的自私自利的人转变为新型的人？里夫金没有讲，我们猜测思想改造应该是必要的。

里夫金先生的第二个、似乎有意而为的概念混乱是用边际成本置换总成本，对固定成本始终闪烁其词。固定成本对应固定资产，阿里巴巴的平台、中国移动的物理网络、太阳能电站（见图 8-2）都要投资建设，资金从哪里来？只能是企业的利润结余和贷款。贷款看上去是银行给的钱，银行的资金是居民和企业的储蓄，最终要用企业未来的利润偿还。归根结底，固定资产的形成来自企业的利润，当价格等于零时，企业的利润为零，根本没钱投资建设新经济必需的那三张网。

图 8-2　太阳能和风能电站

注：太阳能、风能电站不用燃料，维护和管理的人工成本也很低，发电的边际成本可以近似地看成是零。但如果免费供电，如何回收电站的投资？
资料来源：图片来源于互联网。

最后，社会最优价格等于边际成本是象牙塔中脑力游戏的产物，仅当我们知道象牙塔要求的条件以及它和复杂现实世界的差距时，这种脑力游戏才是有益的。如同牛顿先假设了一个无摩擦的理想物理世界，从那个理想世界中得出他的力学三定律。面对摩擦力无所不在的现实世界，我们不会天真到要求消除摩擦力，以便在理想的条件下印证牛顿的洞见，而是在牛顿的理论体系中加上摩擦力，以解决现实世界中的具体问题。里夫金先生的思维方式恰恰是削足适履，闭上眼睛想象现实经济满足他"社会最优"的全部条件，再从三张网的零边际成本得出所有价格等于零的结论。

在通向里夫金先生"零边际成本社会"的道路上，网络建设的成本是无法逾越的障碍；失去利润的激励，企业家和技术人员不可能建造出他梦想赖以成真的三张网；现代经济学的发展早已使"边际成本定价法"成为经济学说史的研究对象。

小结

"共享"是互联网时代出现的一个新名词，如同其他新名词一样，其商业本质寓于人们熟知的旧概念之中。考察各类共享模式，我们发现，它们不过是使用了互联网的租赁业务。软件的开源共享相当于公共品的民间供给,或为精明的商业策略例如谷歌主持开发的安卓系统,或为一群有志之士对梦想的追寻(比如 Linux 操作系统),在更多情况下则为两者的混合。"共享经济"的理论基础是零边际成本,遗憾的是,这一命题在现实中并不成立。即使边际成本确实为零,免费的"借光"也会使蜡烛在世界上绝迹,无论情怀多么高尚,厂商不可能持续地承担零收益的生产。

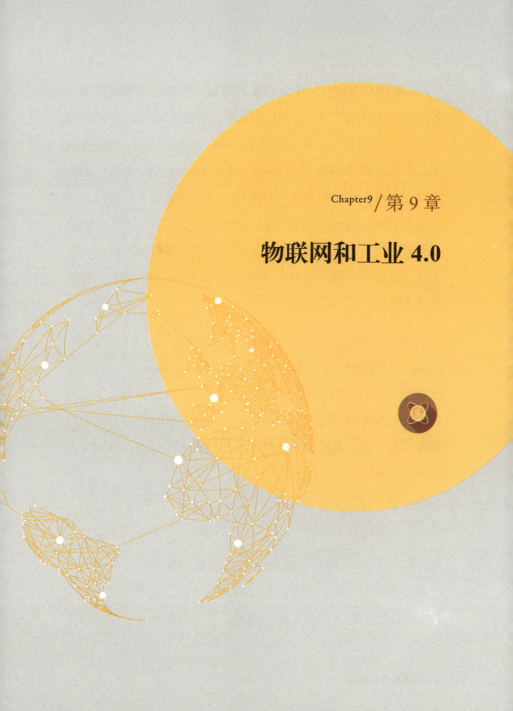

Chapter9 / 第 9 章

物联网和工业 4.0

互联网在我国经历了病毒式的增长，特别是在消费者这一端，它的冲击波及各个行业，零售、邮寄、支付、贷款、出行、医疗、养老、教育、娱乐、媒体，耕耘了所有的收入阶层，产品覆盖了高端国际国内品牌、中产阶级的大宗日常消费，一直到各种仿冒商品。与消费端的兴盛景象形成对照，供应端的 C2M（consumer to manufacturing）、C2B、B2B 显得冷冷清清，既不是资本追逐的对象，也不是媒体报道的热点，但这并不意味着互联网的潜力已被穷尽。2C 的高峰已过，2B 的大潮才刚刚启动。

目前国内除了少数科技公司，互联网尚未进入企业内部。企业内部机器和人的互联（M2P, machine to people）、机器和机器的互联（M2M, machine to machine），当然也有人和人的互联，被笼统地称为工业互联网（industrial internet）或者物联网，其意义、逻辑和实现路径与我们熟悉的消费互联网大不相同。

工业互联网的意义在于和大数据相结合，或者说大数据就是工业互联网的一部分，使企业有可能完成过去难以想象的工作，例如下面介绍的 C2M 和大规模定制，全面提高企业的生产和经营效率，提供新鲜而丰富的客户体验，积累数据为人工智能的应用创造条件，在生产领域乃至与消费者交叉互动的更大范围上形成生态，从中培育出新的业务、新的商业模式，并引起企业组织的深刻变革（见第 10 章）。企业业务形态和组织形态的变化将重新定义企业和客户、企业和供应商以及企业和员工的关系，对社会和人们的生活产生深远的影响。

工业互联网不再具有消费互联网的梅特卡夫效应或双边市场效应，因为机器和人、机器和机器的交互方式完全不同于人和人的交互，机器没有互动和沟通的能力，就算将来机器都是智能的，人机互动和机机互动过程中也不会发生交易，即使有交易也不能给企业带来收入。

虽然企业内部仍然存在人和人的交互，企业和企业之间、企业和消费者之间仍有互动，因而理论上讲仍可形成平台或生态圈，但在经济的生产这一侧，第 4 章中梅特卡夫定律中的节点数 n 比消费者人数小几个量级，脸书上有 10 亿用户，而一条企业的供应链上只有几十家厂家，最多不过几百家，生态圈萎缩到了失去实质性意义的地步。随着梅特卡夫效应和双边市场效应的消失，消费互联网基于流量的成功商业模式如广告、支付、游戏、购物等，将统统失灵。

近期媒体上"工业互联网"的出现频率越来越高，文章报道看上去似曾相识，除了人云亦云的趋势断言，便是笼统模糊的未来描绘，真正理解工业互联网的，是少数几家默默而艰难探索着的企业。尽管凤毛麟角，它们之中的佼佼者已取得了突破性的进展。我们下面就以它们的实际操作为案例，介绍工业互联网的原理。

工业互联网的逻辑

工业互联网和消费互联网的一个重要区别就是它具有鲜明的行业和企业属性，不存在各个行业都适用的一般规律，我们只能通过案例的研究与讨论，理解工业互联网。案例公司是一家位于山东的服装制造企业，生产定制西服，企业的产能长期受到瓶颈因素——打板的制约。

所谓打板，就是将三维尺寸转化为二维平面上的形状（见图9-1）。做过定制服装的读者都知道，裁缝师傅先要用柔软的皮尺给你量体，你的肩宽、腰围、背长都是不规则的弧线，你无法用几何公式精确画出图9-1中背片上的那条曲线 ab，ab 的长度、弧度与脖颈周长、肩膀及背部的弧度有关，但你又说不出准确的关系，脖子的周长可以量得，而肩膀和背部的弧度是皮尺量不出来的。没有准确公式，我们就无法利用电脑发出指令，操纵机器裁剪布料，因而不可能进行大批量的工业化生产。

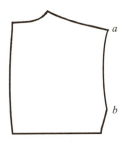

图 9-1　打板之难

在目前的定制服装行业，裁缝只能依据多年的经验，以脖颈周长为主，参照其他相关尺寸，确定 ab 的长度和弧度。体会一下三维曲面转换为二维平面的困难，读者不妨设想在一个橘子上画出世界地图，剥开橘子，摊平橘子皮，上面的世界各国的图形会变成什么样子？再把摊成平面的橘皮合拢起来，做成地球仪呢？

三维立体到二维平面，再从二维平面到三维立体的转换，这是服装个性化定制的最大难点，目前只能手工完成。裁缝师傅需要根据人体的十几个尺寸，在布料上画出西服上衣的领子、前襟、袖子、背片等几十个图形，分别裁剪，再将几十片布缝起来。成衣既要穿着贴身舒适，又要看着挺括潇洒。这个技术含量很高的操作不是一般人能做的，经验的积累至关重要。受到经验的限制，定制服装的商业形态一直是裁缝师傅开店,带几个徒弟,规模做不大,交货期长和价格高成为行业的两大痛点。

传统服装制造厂家的应对方式是制作标准板型,根据人体数据的统计分析,设计小、中、大、超大等型号,但标准板型只能做到长短大致合身,无法满足身材高低胖瘦的个性化需求,仅适用于较为宽松的休闲外衣和内衣。西装和衬衫的合身要求比较高,大、中、小三码不够用,厂家不得不按领子或身高分出更多的规格。对个性化要求再高的,就必须到裁缝店量身定做了。

如何解决个性化需求和批量生产之间的矛盾?这家山东企业革命性地采用大数据技术和计算机辅助设计(computer-aided design, CAD),突破了裁缝师傅的稀缺资源制约,成功地实现了定制服装的流水线生产。

定制生产的原理说起来并不复杂,先在数据库里存储足够多的板型,比如说10万个,当客户张三前来订购时,电脑从数据库里找出和张三身材最接近的比如说李四的板型,相当于普通服装店里大、中、小三档变成了10万档,张三仍会感觉不合身吗?没关系,在李四板型的基础上,电脑用算法根据张三的尺寸进行微调(见图9-2)。张三的板型设计好了之后,存入数据库,不断丰富库里的板型。板型积累越多,后面的选配就越精确，设想如果存有全国 14 亿人的板型（大数据），打板就变成了简单的数据调用，边际成本是不是就接近于零了呢？

图 9-2 用电脑算法对个性化板型进行微调

资料来源：图片来源于互联网。

这项创新的实质是将裁缝师傅的经验数字化，存到数据库里，反复使用，突破打板手工作业的制约。数据库就像陈年佳酿，积累的时间越久越有价值，大数据呈现出收益递增的特征，虽然递增的原因和消费互联网的梅特卡夫效应大不相同。

CAD仅为数字化技术应用的一个环节，打板完成后，系统自动生成每一块布片的工艺文件、材料文件、工时文件和财务文件。电脑根据工艺文件将板型数据传到数控裁床，由机器自动裁剪（见图9-3），站在裁床旁边的工人给每一裁好的布片钉上RFID卡（万物互联），挂上吊架，带有传感器的布片开始在缝制车间游走。每一布片的数据同时也被传到布料库，更新库存信息，如果发现库存降到了安全线以下，IT系统自动向供应商发出采购订单。

图9-3　数控裁床裁剪

资料来源：图片来源于互联网。

这么多的布片同时在吊挂系统上,由排产软件做实时运算,发出指令,将布片送至当前负荷较轻的机位上。在这里请注意"实时运算"几个字,若以分钟为单位做实时计算,每台机器只取一个数据比如负荷率,一班 8 小时有 480 个数据,若以秒为单位就有 28 800 个数据。一个车间里几百台设备,数千甚至数万片布,如何在每一时点上、将每一片布安排到"最合适"的机器上加工,排列组合的数量随着时点、布片或机器的增加而指数上升,没有大数据和云计算能力根本就无法完成这样的运算。

缝纫工人接到这片布,扫码读出加工指令(见图 9-4),进行相应的操作,锁边、开扣眼、缝纫、熨烫,等等。完成加工后,扫码更新布片的状态,数据实时输入系统,再把这片布挂回吊架,让它向下一个加工点移动。

最后,分散在各个工位上、同属一件衣服的布片由系统指挥,集中在某一工位上,由工人拼缝为成衣,经过熨烫、包装,发给客户。请注意图中的西服是完全个性化的,款式、大小、颜色、布料都不相同,客户还可以要求绣上自己的名字或其他个人标志。

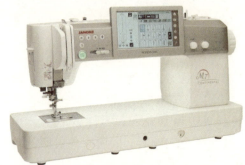

图 9-4　缝纫工人工作

注：吊挂系统上的衣料被运送到某个工位，衣料上的 RFID 传感器和缝纫机"对话"，如确认是在这里加工，系统告知工人摘下该件，并在缝纫机的显示屏上给出加工指令。这道操作完成后，工人扫码更新衣料的状态，将其挂回吊架。（图片仅为示意性的，现实中的衣料都是个性化的，大小、颜色、形状都不一样。）

资料来源：图片来源于互联网。

支持数字化工厂运行的是完全打通的 IT 系统（见图 9-5），以板型匹配即 CAD 为核心，连接客户管理系统 CRM（customer relationship management）、生产管理系统 MES（manufacturing execution system）、库存管理系统 WMS（warehouse management system）、企业资源规划管理 ERP（enterprise resource planning），再延伸扩展，最终形成**系统覆盖无死角**、**数据流动无断点**的一体化企业管理网络，我们称之为云端的"天网"，对应线下人机互联互通的实体网络——"地网"。

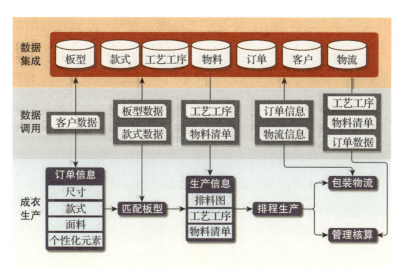

图 9-5　数字化企业的 IT 系统和物联网的对应

依托线上和线下的两张网，这家服装企业真正做到了 C2M。

北京的客户在当地的感应式设备上量体，从移动端录单，输入个人的尺寸及选定的款式、面料等信息，云端的天网和山东的地网根据客户的定制需求运行，最终把服装送到他的北京家中。从下单到交货，时间由过去的一两个月缩短为一周，与手工制作的裁缝店相比，价格降低 50% 左右，定制服装从高收入人群的奢侈品变成了中产阶级的普通消费品。

C2M 以颠覆性的手段解决了困扰服装业最深的库存问题。在时尚潮流迅速变化的今天，传统服装制造企业承受着越来越大的存货管理压力。厂家无法准确预测某一款式设计的需求量，备货少了有可能断供，临时补货根本来不及调整或更换生产线；备货多了又怕消费者喜新厌旧，卖不出去成了库存积压，而过时商品的处理通常要打折 50% 以上，这个损失只能由厂家和销售商承担。在 C2M 的模式下，消费者先下单，企业再生产，从源头上消灭了库存，代价是消费者要等一周的时间，而不是在商店里立即取货。如果价格降低一半，相信很多消费者还是有耐心等候七天的。

工业互联网之难

既然工业互联网有如此大的效益，为什么在国内甚至科技发达的国家也进展缓慢呢？

生产制造与消费的区别在于个性化，很难形成经济批量。一款畅销的手机可以卖几百万甚至上千万部，一个爆红的 App 下载也可达到这个量级，产品研发费用均摊到千万部手机上，产生非常显著的研发规模经济效益（详见第 3 章）。然而规模效应只限于苹果、三星这些 2C 的手机品牌厂商，为它们代工的制造厂家（如富士康）就没有那么幸运了。

以手机外壳为例，加工工艺一般为冲压（作者年轻时当过冲压工），将一块金属片放在模具上，开动冲床一次压制成型。一套模具如果能冲制 10 万个手机壳，则一款手机只需要几十套模具就够了。这让代工厂感到为难，为生产苹果机壳的这几十套模具专门投资建一条流水线吗？模具批量太小，无法回收生产线投资。接受三星的订单以放大批量呢？三星有它自己的要求，苹果模具生产线上未必能做。不仅为三星代工困难，而且如果明天苹果推出新机型，现有的模具生产线说不定都无法利用，或者起码也要经过改造，但改造投资又会是多少？由于没有规模经济效应，模具生产的通行方式是单机加工零件，手工装配。不管自制还是外购，手机代工厂的模具成本都会高居不下。

读者或许会问，能否像上面介绍的服装企业一样，设计一条数字化和个性化定制的模具生产线？这正是**产业互联网**的思路，由一家企业开发出一个模具制造平台，多家企业使用以分担开发者的前期投入，降低模具成本。这个想法虽好，在推行的过程中又碰到新的具体问题，首先要解决的是谁来做开发者。

工业互联网和产业互联网有着非常强的行业属性，生产制造过程中的工艺诀窍（know-how）行业与行业不同，同一行业中的企业与企业不同，掌握这些 know-how 是搭建产业互联网平台必不可少的前提条件。如同上面介绍的这家服装企业，在个性化定制领域耕耘十几年，深刻理解人体尺寸和板型之间的关系，才能开发出核心的 CAD 软件，对服装缝制工艺和流程了如指掌，才可编制出高效的电脑排产程序。显而易见，从消费互联网起家的科技公司，如亚马逊或阿里巴巴，不熟悉制造业，一边学习行业知识一边开发互联网产业平台，事倍功半，由精通本行的企业来做，则更具优势。相对于"互联网思维"，工业互联网更需要"行业思维"。

当然，制造业企业开发互联网平台也有它的短板，对数字化软硬件技术的了解有限，没有开发经验，并且还有一个更为严重的障碍——利益冲突。通用电气公司（GE）投资数十亿到百亿美元开发了 Predix 系统，希望将它打造为跨行业的工业界安卓操作系统，将各种工业设备和供应商互连并接入云端，同时提供资产性能管理（APM）和运营优化服务。2018 年却传出消息，通用电气准备出售 Predix。[一]为了推广这个平台，通用公司曾下令系统内部各个业务板块都必须使用这个平台，但外部厂商使用者寥寥，以至于 Predix 长期亏损。外部厂家缺乏兴趣，除了 Predix 不能满足因行业而异的个性化需求，厂家也担心数据流出，泄露自己的技术和商业机密。通用当然可以从法律上保证用户数据的完整性，或者采用加密技术构建防火墙，但当商业利益足够大时，用户不敢相信平台开发者一定会信守承诺。

这就导致了产业互联网的一个悖论：只有行业专家才能开发行业平台，而行业专家开发的平台没人愿意用。目前国内海尔的电器制造 Cosmoplat、三一重工的工程机械制造、富士康

[一] https://www.wsj.com/articles/ge-puts-digital-assets-on-the-block-1532972822?utm_source=Triggermail&utm_medium=email&utm_campaign=Post%20Blast%20%28bii-iot%29:%20GE%20puts%20digital%20assets%2C%20possibly%20Predix%2C%20up%20for%20sale%20%E2%80%94%20Smart%20thermostat%20startup%20adds%20price-based%20usage%20program%20%E2%80%94%20DHS%20creates%20new%20cybersecurity%20hub&utm_term=BII%20List%20IoT%20ALL.

的 Beacon 等平台都碰到了类似的问题。德国西门子的制造和管理平台 Mindsphere 主要在内部使用，由于没有外部企业使用而分担开发成本，西门子必须接受工业互联网综合收益相对较低的现实。

一个日渐流行的替代方案是社会分工，将工业互联网分为三层，应用层（SaaS，Software as a Service）、平台层（PaaS，Platform as a Service）和基础设施层（IaaS，Infrastructure as a Service）。SaaS 层相当于工业场景中或者 2B 的 App，例如上面提到的定制服装企业的 CAD 就是一个应用，通常由行业知识丰富的使用者自己开发。PaaS 层面向企业应用软件的开发者，为 SaaS 提供通用的技术支持平台，一般由 SaaS 的企业使用者和软件公司共同研发。IaaS 层主要包含数据库和计算能力，是亚马逊、阿里巴巴、华为那样的技术公司投资建设的互联网基础设施。简单讲，三者的关系就是企业依托 PaaS 开发 SaaS，再操作 SaaS 调用 IaaS，实现各种生产和管理的功能。

在这样的分工结构中，工业企业和软件科技公司各司其职，彼此不跨界，既在 SaaS 层发挥了用户企业 know-how 的优势，也在 PaaS 和 IaaS 层体现了技术公司的特长，并且避免了利益冲突。预计层级分工将成为工业互联网推广普及的主流模式，例如华为公司向客户承诺，一不碰底层的数据，二不碰 SaaS 层的应用软件，以此吸引企业使用华为的工业云；通用电气放弃了自建底层基础设施的计划，与亚马逊、微软在 IaaS 层展开合作；而西门子选择了亚马逊、微软和阿里巴巴作为云服务的供应商㊀，自己则聚焦在 SaaS 层上应用软件的开发。

从工业 1.0 到工业 4.0

工业互联网和曾被热炒的工业 4.0 之间是什么关系？我们倾向于认为两者基本是一回事，仅在语境上有些微小区别。"工业互联网"一词似乎更多指向线上的云平台，而"工业 4.0"强调线下实体的互通互联，在很多场合下和"物联网"的含义大致相同。

毫无疑问，工业 4.0 需要互联网，但这并不意味着有了互联网就可以实现工业 4.0。工业生产技术经过迭代升级发展到今天，每一代都以上一代为基础，每一阶段都是不可省略的，从工业 1.0 到工业 4.0 是个渐进和自然延伸的过程，没有因为互联网的出现而发生颠覆式的或断裂式的飞跃。

㊀ https://new.siemens.com/global/en/products/software/mindsphere.html.

工业1.0的实质是机械化或**动力化**,蒸汽机代替水力、畜力和人力,后来又出现了电动机、内燃机与核动力。将单台设备连接起来,形成流水生产线,就是以**自动化**为主要内容的工业2.0。20世纪下半叶,随着微处理机的普及,电脑在很多方面代替了人脑,计算机辅助设计、程序控制机床和设备等技术标志着工业3.0的到来。电脑不仅大大提高了机器的自动化程度,而且引起了管理的变化。企业采用各种职能软件如以财务、人力资源为主线的ERP、客户管理系统CRM、仓库管理WMS、办公行政OA,等等,提高了管理的效率。在积极推动经营管理**信息化**的同时,企业也有意无意地为工业4.0准备了条件。

工业3.0存在重大的缺陷,信息被封闭在垂直和分立的管理流程中,形成"信息孤岛"或"信息深井",信息流动不畅,利用效率不高。如何打通分立的系统,促进信息在企业各个业务单元、职能部门间更有效地流动,企业在积极探索的过程中,逐步从工业3.0走向了工业4.0。

工业4.0的基础是物理世界的数字化。从IaaS层往下是数据产生层。不仅商店、车间、仓库、设备、车辆、材料、零件、工具和人员"万物互联",而且"万物皆数",现实世界中的人、财、物和包括文字、图像、声音在内的信息,都要转换为虚拟空间中的数字。机床的物理形态在虚拟空间中消失了，变成了一组数据：设备编号、外表形状（数字化图像）、加工能力、加工精度、给定时点上的工作状态等。人员也表示为多维度的数据：员工编号、脸形、指纹、年龄、性别、职务、工作经历等。没有数据，工业 4.0 就是无源之水，无本之木。只有彻底的数字化，才能做到万物互联。

物联网的世界中到处都是传感器，实时数据被源源不断地上传和存放在 IaaS 层的数据库里，企业通过 SaaS 层的应用软件调用这些数据以及也在 IaaS 层的运算能力，在分析数据的基础上进行决策，由电脑或以人机交互的方式，向物理世界中的人和设备发出指令，完成必要的操作。

从工业 3.0 延伸而来，又超越工业 3.0，数字化和物联网为工业技术带来了质的突破。运用工业 4.0 技术，过去难以想象的大规模个性化定制成为可能，C2M 由远景变为现实，职业经理人梦寐以求的实时管理具备了推广的条件。企业的管理层级减少，财务核算、员工绩效考核等职能大为简化，企业的组织结构发生深刻的变化（见第 10 章）。

技术不仅改变了世界的现状，而且引导和激发人们创造更为神奇的明天。物联网产生了海量数据，大数据存储和运算的需求催生了云技术，寻求更有效算法的努力则汇集到人工智能上。当我们还在为万物互联的效果感到惊诧时，万物智能的时代正快速临近。机器的智能化并非始于今日，无人机、智能家具、半自动驾驶汽车已有商业化产品，人工智能将如何改变我们的经济和社会？与其听信专家的预测，不如看看科幻小说和好莱坞的科幻电影。

技术改变了我们的生活，改变了商业模式和企业形态，有人以为，技术也可以改变商业的本质甚至经济规律。一位企业家曾说：大数据让预判和计划都成为可能，因此需要对计划经济和市场经济进行重新定义，市场经济不一定会比计划经济更好。果真如此吗？

大数据 + 云计算 = 计划经济？

计划与市场是经济学中永恒的争论，在现实中，这两种配置资源的模式是并存的，企业内部是权威支配下的计划主导，企业和企业之间、企业和个人之间是自愿的市场交易。我们这里所说的计划经济，是指斯大林体制下的苏联和改革开放前的中国经济，除了像农村集市贸易那样的零星小型市场，整个社会的生产、消费都由政府统一计划，企业只是执行计划的基层单位，几乎没有任何人财物、产供销的自主权。

诺贝尔经济学奖得主哈耶克指出，计划经济的最大问题是信息，中央计划者所需要的信息分散在经济的各个角落，他不知道消费者的偏好，也不知道企业知道的技术和成本，像盲人聋人一样，不可能有效地配置资源。在市场经济中，消费者和企业分散的决策，通过市场交易形成价格，消费者的偏好和企业的成本信息进入价格，再由价格传播到市场上去。市场对计划的优势，因此可以归结为效率更高的**信息收集器**和**发布器**。

技术崇尚者马上会说：哈耶克的担忧不再必要，无所不在的传感器使实时的数据收集成为可能，中央计划者拥有他们所需要的一切信息，就像一个企业的总经理那样。

似乎预见到技术时代的人们对他观点的疑虑，哈耶克进一步辨析到，计划经济拥护者错误地假设，经济和社会计划所需要的数据在**计划之前**就已经存在。集中式的权威例如政府或企业运用现代技术，将散布在经济的各个角落的数据收集起来，整理分析，用于制订下一期的经济计划或企业经营计划。事实上，数据是在经济活动之中产生的，不可能提前存在，供政府制定经济计划之用，中央计划者只有在经济活动开始之后才能获得数据。换言之，集中式的权威永远无法得到足够的数据。

无论在市场、企业、家庭中安装多少传感器，甚至利用移动终端和可穿戴设备，传感器只能**收集数据**而不能**产生数据**，产生数据的仍然是在市场上进行交易的人。

当一个消费者面对一件商品时，比如说一部智能手机、一件最新款式的衣服、一道佳肴或者一幅油画，他要在多个维度上估计该商品的价值、外观、功能、使用体验，甚至还有他人的看法等多个维度。这些维度彼此不可以完全通约，因此不存在一个公式，依照公式加权求和得出单一的量化价值指标。这个消费者以我们尚不清楚的方式——极有可能他自己也不清楚——综合这件商品给他的视觉、听觉、嗅觉、味觉和触觉强度，将感觉转换为他的主观价值，在市场上通过交易将这个价值用货币符号表达出来。

如此看来，市场不仅是信息收集器和发布器，还是**信息发生器**。

机器能否实现上述的感觉—价值转换？在技术更为发达的未来，我们也许可以在人体中植入芯片，或者戴上一个智能帽子，帽子上的芯片将人的感受强度转化为数据，传送到政府和企业作为计划的基础。令人遗憾的是，这样的芯片不可能被制造出来，因为我们不知道消费者的感觉—价值转换公式，也就根本不知道如何设计这样的芯片，更不要说制造了。

退一步讲，即使我们能够制造出这样的芯片，计划者也没有理由感到高兴，他们仍然得不到做计划所需要的全部信息，因为再先进的技术也无法预测未来。没有人知道苹果、谷歌明年将推出什么新产品，消费者自己也不知道如何确定这些新产品的价值，必须等到新产品发布之后，感官才启动他们神经系统中的定价机器，才能经由购买产生数据。这样，我们再次回到哈耶克的洞见：数据产生于经济活动之中，而不可能事先准备好，以便政府提前计划这些经济活动。

人脑植入芯片还会碰到技术问题和成本问题。芯片一定是因人而异的，同样一件商品给每个人带来的感官冲击都不一样，并且在同等冲击强度下，每个人的感觉—价值转换方式也不一样，芯片必然要个性化定制，也就是每片只生产一件。在当今和可以看到的未来技术条件下，只生产一件的芯片绝无利润可言，没有厂家愿意做。待技术进步到一件也能赢利时，我们又会发现人的偏好经常变化，身体状态、心情、社会潮流等无法量化的因素都影响感官反应的强度，并改变感觉—数据转换方式。原有的芯片过时了就从身体中取出，置入新的芯片吗？

进入互联网、大数据时代，我们发现市场的功能仍然是信息的汇集与传输，一如哈耶克几十年前所论证的，而且其信息处理成本较技术手段更为低廉，特别是在将主观感受转化为客观数据方面。实际上，消费者在购买商品和服务时自动和无偿地完成了这一关键的转化，或者说转化成本为零。我们有理由相信，无论技术发达到什么程度，市场作为有效的数据处理器，将会长期享有对技术的成本优势，尽管它看上去原始粗糙，不那么先进也不那么科学。

技术爱好者们恐怕不愿就此止步，即便承认人和市场对于产生数据是不可替代的，是否存在另一种可能，绕过产生数据这个令人烦恼的障碍，从已有的数据直接推断消费者的行为？当然可以，人工智能就精通此道，更准确地讲是专攻此术。然而从过去预测未来必须具备两个前提条件，一是消费者的偏好不变，二是厂商的技术和产品不变。在当代的创新经济中，第二点显然不成立，而技术进步的加速同时造成人们偏好更为频繁的变化，故而第一点也不成立。

我们需要市场的另外一个原因是筛选、激励并成就乔布斯那样的创新企业家。市场选择机制既不科学更谈不上理想，但这是已知的最好的企业家筛选机制。企业家是在市场竞争中产生的，而不是由政府机构挑选出来的，也不是高等院校能够培养的。

将来的人工智能是否可以替代创新企业家呢？即使理论上存在这个可能性，距离现实也过于遥远，科学家先要理解人脑的工作机制，能够复制出人脑的神经元以及神经元相互连接组成的网络结构。每立方毫米的人类脑组织包含10万个神经元以及约9亿个类神经连接，目前世界最大的认知计算公司拥有约1 600亿个神经连接点，但和人脑的实际复杂程度还相差甚远，人脑总共约有86万亿个类神经连接。[一]

没有任何"科学"依据的情况下，乔布斯推出智能手机，这恰恰是他的伟大之处。如同消费者对新产品的评估，企业家的创新也是无法预测的。创新不像登月计划，前者充满不确定性，后者虽然涉及尖端和复杂的科技，但都是已知的，没有什么不确定性。创新好比原始人在亚马逊热带雨林中摸索前行，现代人的登月则像在GPS导引下穿行于北京、上海那样的超大城市。创新需要乔布斯那样的企业家，而资深工程师或官员即可计划和指挥登月工程。

[一] 卢克·多美尔.人工智能：改变世界，重建未来[M].赛迪研究院专家组，译.北京：中信出版社，2016.

在人性不变的情况下，在"协同共享"新型的人尚未诞生之前，私有产权、自由市场、自愿交易，这些现代市场经济的元素仍是到目前为止的技术革命的必要前提。产权保障了企业家的创新收益，使他们感到值得冒险搏击；包括资本市场在内的自由市场为技术创新配置资金、人才，为成功的高风险准备好了高回报。硅谷既有思想的市场，也有技术、人才、资本的市场，那里成为创新的发源地绝不是偶然。

小结

消费互联网的巅峰已过，工业互联网的大幕刚刚拉开。虽然都是互联网，两者的逻辑有着根本的不同。工业互联网基本没有梅特卡夫效应，规模效应和协同效应也无法和消费互联网相比，它的行业和企业属性非常强，成功的必要前提是具备专门的细分领域知识。工业互联网以数字化为先行，企业实现经营、生产、管理的全面数字化之后，才能做到工业4.0的万物互联也就是物联网。物联网带来的不仅是生产和管理效率的提高，而且为企业组织的重塑创造了条件。管理的变革将激发员工的主动性和创造力，由此产生的效益超出我们今天的想象。数字化和物联网产生的海量数据要求更高的数据处理与分析能力，人工智能不再是预言家和自媒体提高点击率的玄虚辞藻，而变成实际应用的必需。但是，无论人工智能和大数据发展到什么程度，市场的功能都依然无可替代，机器可以处理数据，但产生数据的只有在市场上进行交易的人。计划经济注定是美好的乌托邦，即使在技术更为发达的将来。

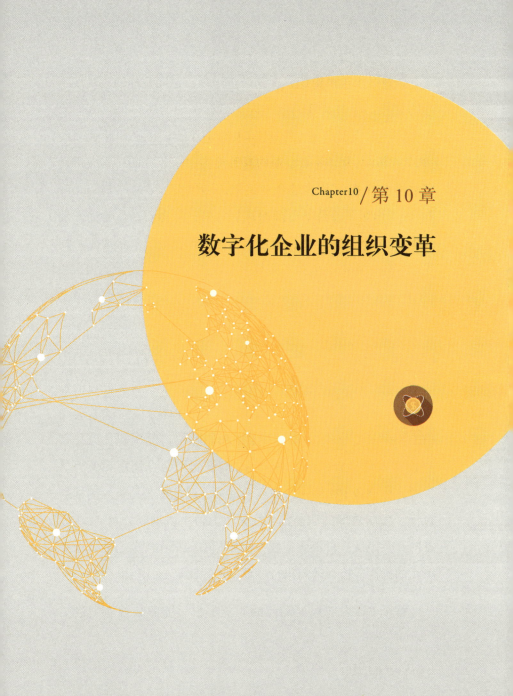

Chapter10 / 第 10 章

数字化企业的组织变革

企业是个生产组织,在这个组织内,不同技能的人从事不同的工作,努力实现一个共同的目标——为客户提供高性价比的产品和服务。满足客户需求的企业应该也必须是赢利的(见第5章),为了提高企业的赢利能力,企业家们一直在市场实践中积极探索和改进企业组织。1911年,泰勒(Frederick Taylor)出版了《科学管理原理》一书,标志着企业管理学的诞生。20世纪20年代,通用汽车公司董事长阿尔弗雷德·斯隆(Alfred Sloan)创建了集权—分权式的管理结构,成为工业3.0时代大公司的标准管理模式。

斯隆体系中有多个业务单元(BU),如图10-1所示的BU1、BU2……,BU可以是事业部、分公司或者子公司。每一个BU面对自己的市场和客户,比如凯迪拉克轿车,承接公司的经营指标,拥有相对完整的对本事业部的管理权,除了来自公司CEO的指令,不受公司其他BU和职能部门的干扰。以公司CEO为首的高管团队在各个BU间配置资金、销售和人力等资源,协调各BU的生产和经营活动,以达成公司统一的战略目标。直属总部的职能部门(见图10-1)协助以公司CEO为首的高管团队进行资源配置,制定相应的操作规范,监督业务单元的操作,控制计划执行过程中的风险。

每个BU内部根据类似的职能集权—业务分权原则设工

厂1、工厂2……，工厂可以再细分为车间、班组。对于全国性或者跨国公司，职能部门例如销售、客户服务也按地区划分，例如华北区、华东区、华南区等，大区下面又有县市。如此层层细分，形成树状的企业科层组织。

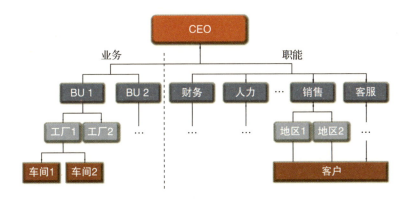

图 10-1　企业的科层组织结构

公司每年确定总体经营目标，再将销售额和利润等指标逐层分解落实到 BU、工厂……，根据全年实际执行和目标之差，决定各级管理者和员工的奖惩，作为完成总体业绩目标的激励和保障机制。

等级和职责分明，命令与控制型的科层组织主导了 20 世纪的管理思想和实际操作。

解决方案变成问题本身

科层制的兴起有它的合理性,由于单个管理者的管理幅度有限,一般不超过 10 个人,公司规模的不断扩大必然要求增设层级。如果有效管理幅度是 7 人,两层就可以管理 47 人,三层的管理幅度达到 343 人。管理上万人的企业至少需要五层,超过 10 万则需要七层。有限的管理幅度源于信息的不对称,管理者不完全了解员工在做什么,他们是否充分发挥了自己的潜力,工作质量是否达到标准,员工之间能否进行有效的沟通与合作。

科层制解决了管理幅度和公司规模之间的矛盾,但也带来了新的问题。随着层级的增加,总部的战略计划和业务指令向下贯彻的难度越来越大,每一级都会发生信息的跑冒滴漏、理解上的偏差和执行的时间滞后,累积起来的效率损失可以是惊人的。假设上级对直接下级发出指令的 80% 得到执行,经过两级,可以落实的剩下 $0.8 \times 0.8 = 64\%$,五级为 33%,而七级就只有 18%,难怪大公司的总经理经常像政府的高级官员一样,无奈地感叹"政令不出总部大楼"。

不仅自上而下的指令传递和执行打了折扣,自下而上汇集的信息也随着层级的增加而产生越来越大的扭曲。当公司高管需要了解情况和制订业务计划时,下级必然虚报生产和经营所面临的困难,以争取更低的指标和更多的资源;如果是薪酬奖励计划,下级必然报喜不报忧,夸大自己的工作成绩。经过层层的虚报,当信息到达总部时,与现实情况的差距可能足以使高管误判形势,做出错误的决策。

科层制下条块分割,信息流动受到内部组织边界的限制,单线下传与上报,沿着图 10-1 树状结构中的每一条路径,形成了"信息深井"或"信息孤岛",信息很少跨 BU 和职能部门做横向的流动。斯隆意识到这个问题,在通用汽车设立了 BU 高管委员会,促进 BU、部门之间信息和想法的分享。然而这种半制度化的组织仅存在于高层,基层不可能通过这种方式共享信息。

科层制本来是为了解决信息不对称的问题,现在却成了问题的本身,创造出各种新的信息不对称。

较之信息失真,更令管理层烦恼的问题是,科层结构在公司内部滋生出各种各样的利益集团,彼此争斗不休。利益集团通常沿着 BU 或职能部门的条线形成,有时也可能按地理区位形成。无论条线还是区块,利益集团的产生不仅因工作关系朝夕相处,相互较为了解,而且因为在官僚式的科层制中,理论上所有人要对公司的总体经营目标负责,在现实中,下级只对他的直接上级负责,因为他的直接上级在相当大的程度上决定了他的薪酬和升迁。反过来也是一样,上级依赖他的直接下级管理员工,完成公司的业绩指标。一层一层的利益相互依赖,他们在公司内部结成关系密切的小团体。

信息的扭曲和延迟以及利益集团的形成造成严重的后果,企业偏离了它的终极使命——为客户服务。层级越多,高管离市场和客户越远,图10-1中右下角的客户需求要经过多少次汇报才能送至公司CEO的办公桌上?层级和部门越多,公司内部的利益小团体越多,公司政治越复杂,高管就要花费更多的精力协调部门和层级的关系,而不能了解市场需求和倾听客户的呼声,也没有时间和服务客户的员工在一起,关心和解决他们工作与生活上的问题。

科层组织对市场需求不能做出及时反应,在市场快速变化的今天,这对公司的发展是十分不利的。仍以图10-1右下角的客户为例,如果他对公司的产品质量不满意,先要找到客户经理,客户经理向公司的地区负责人报告,再沿着地区经理—客服总监—公司主管客服的副总(未在图中显示)—公司CEO的线上报,CEO有了关于改善质量控制的意见后,下达给主管产品的副总(未在图中显示),从副总—产品BU—工厂—车间……到最基层的操作员工，不知耗去多少时间，这还没有考虑到部门之间的摩擦和利益冲突。在科层制的世界中，人人嘴上都说客户是上帝，其实心里都明白，真正的上帝是你的直接老板，宁可让客户等候也不能越级而犯组织错误。

科层制的另一弊端是前线没弹药，而有弹药的不上前线。最接近客户的基层业务人员手中没有资源，他们要走流程，向财务和人力等职能部门递交资源预算申请，得到批准后才能动用现有资源，或者从外部招聘和采购；离市场和客户最远的职能部门却掌握资源，有权决定资源的配置。

科层制在很大程度上是制造业经济的产物，斯隆体系首先出现在汽车行业，并非完全的偶然。当通用汽车的研发部门设计出一款新车后，整个公司就像一部巨大的机器，高速运转起来，配置资源，安排生产，同时开展广告等营销活动，预热市场。产品出厂后，组织运输，给渠道上的经销商送货。注意到制造业流程上各个环节的不确定性较低，因而可以预测和事先做计划，管理层最重要的任务是确保执行到位，公司组织结构类似准军事化的官僚体制，也就不令人感到意外了。

第二次世界大战之后，发达市场经济体经历了从制造到服务经济的转型，制造业占 GDP 的比重降到了不足 20%，公司的产出从物理产品变为服务，例如通信、金融、医疗、旅行，等等。物理产品的品质尚有客观指标或者通过测试衡量，服务则全凭客户的主观感受，很难对各级管理者和员工做量化的绩效考核，科层制下公司经营指标的分解落实因此而失去基础，雇员的**尽责尽心**而非**执行力**成为客户满意以及公司成功的关键。服务经济时代的管理体系应该是什么样的？稻盛和夫先生通过日本航空公司的重整，总结出阿米巴（Amoeba）管理方法，[一]代表了有别于泰勒管理学和科层制的新思路。

实际上，在斯隆设计通用汽车的管理体系之后不久，德鲁克就对科层制提出了尖锐的批评，并与斯隆多次当面交流。德鲁克具有远见地预言了"知识经济"（knowledge economy）的到来，认为企业需要从命令与控制型的科层组织转变为由知识工作者（knowledge worker）构成的"信息型组织"[二]，从按照职能划分的组织转变为面向任务或工作的团队。团队由来自不同领域、拥有不同背景、技能和知识的人组成，为完成某项特定的任务而一起工作，每一个人对团队的成功承担责任。[三]德

[一] 稻盛和夫. 阿米巴经营 [M]. 曹岫云, 译. 北京：大百科全书出版社，2016.

[二] 彼得·德鲁克. 管理（下册）[M]. 辛弘, 译. 北京：机械工业出版社，2009：38.

[三] 彼得·德鲁克. 管理（下册）[M]. 辛弘, 译. 北京：机械工业出版社，2009：200.

鲁克所说的"团队"在相当大程度上与稻盛和夫的阿米巴相类似，我们下面讨论的企业细胞、自驱组织可被视为团队或阿米巴的延伸。

德鲁克进一步推测，相对于科层制，新型的企业组织可能是扁平的，管理层级减少，每个人都要承担分享信息的责任，而不只是单纯地执行上级的指令。我们如果视技术创新为知识经济的重要内涵，就会更加佩服德鲁克的先见之明，创新高度依赖个人的主动性和创造力，而科层组织严格限定个人的职责和可动用资源，对创新者来说无异于桎梏和罗网。

尽管对科层制的责难不绝于耳，人们在很长时间里没有找到替代方案，直到数字和互联网技术使德鲁克的猜想成为可能。

层级压缩和职能简化

如上所述，科层制源于克服信息不对称的需要，但又创造了新的信息不对称。聪明的读者一定会想到，数字化在相当大的程度上减少了信息不对称，应该有助于解决科层制的问题。的确如此，流畅的信息传递与快速汇集增加了有效管理幅度，为减少组织层级创造了条件。如果一个人的管理幅度从 7 人增加到10人，则万人的企业只需要4级，而不是以前的5级；如果管理幅度增加到20人以上，则3级就够了。在写作本书的调研过程中，我们发现，主要业务已经数字化的企业，在全国的地域管理上取消了大区一级，在生产管理上取消了工段一级。

压缩层级尚不是数字化时代最重要的组织变革，公司管理体制的扁平化以及扁平化所带来的结果，是科层制时代难以想象的，借用一个时髦的词，具有"颠覆性"或革命性的意义。管理职能的平台化，管理（management）转变为治理（governance）和赋能（enabling），为我们展现了一个崭新的组织构架，对于员工而言则是崭新的工作环境和激励机制。

在数字化的企业里，看不到图10-1那样的树状组织结构。公司内部的职能大部分变为内部平台上的职能模块或者职能流程。以采购为例，当业务人员需要外购用品或设备时，他登录公司的管理平台，调用采购模块，提出申请和预算。系统自动审核采购申请是否符合公司现有规范和标准，如果通过则进入下一步，启动管理平台上的对外招标及财务流程。在所有相关流程都顺利进行的情况下，业务人员独立完成采购而不需要职能部门的协助和审批。当某一流程因不符合规定而中断时，业务人员会收到系统的提示，告诉他未能通过的原因，指导他提交补充信息。只有在线上的所有努力都无结果时，他才请求线下人员的帮助。

与采购相类似，财务的核算与结算也可在管理平台上完成。仍以前一章所讲的服装企业为例，在客户的身材尺寸数据输入电脑后，CAD 定制化打板，把一件衣服分解为几十个布片，同时自动生成每一片布的材料和工艺文件。布片由吊挂流水线送入车间，工人根据工艺文件的要求进行操作，在每一操作之前和完成操作之后都要扫描布片上钉的 RFID，系统就此采集到人工和设备工时的数据，再根据事先存储的人员、材料、设备使用等成本标准，实时计算每一片布和每件衣服的成本。传统财务部门的工作"润物细无声"地融入了生产过程，财务职能现在以流程和标准的制定为主，加上并不常见的特殊情况的处理。

企业的人力资源管理也大大简化，同样因为管理职能的平台化和模块化。在数字化的车间里，每一片布的每一道工序由谁完成，在哪一台设备上进行，用了多少时间，系统都有记录，因为这是一个万物互联的世界啊！电脑很容易算出某个员工每天做了多少工作，根据完成的工作量决定他的报酬，原先的绩效考核现在变成了简单的数字统计。人力资源管理的招聘工作也在线上完成，业务单元若有需求，打开招聘模块，线上征集简历和筛选，线上测试和约谈。当然，最终的面试仍是必不可少的，而且一定要在线下。

管理层级减少，管理职能简化，企业的市场反应速度大大提高。频繁和密切接触客户的基层单位可以在平台上尽快获得资源和组织生产，及时提供产品和服务。快速反应对创新经济尤为重要，企业需要敏感地捕捉市场机会，设计和试制新产品，与潜在的客户反复沟通，调整修改。如果仍像在科层制下那样，逐级上报，等待审批，就会贻误战机。若被竞争对手抢得头筹，创新的收益大打折扣，甚至完全失去意义。在快节奏的市场上，第一个投放产品的往往可获得最高价，随着同类产品供给的增加，价格会不断走低，"时间就是金钱"的商业之道随着技术的进步愈显重要。

层级压缩和职能平台化之后，企业的组织结构是什么样的？我们用图 10-2 给出概念性的说明。

自驱动和自适应组织的兴起

官僚式层级消失了，泾渭分明的业务和职能部门的划分模糊了，上下级的管理－负责关系变成了前台和后台的协作，员工不再是大树末梢的点，而是自组织细胞中的一分子。"细胞"

一词生动地表达了新型企业组织的生物学特点，过去被称为**基层**的业务单元现在是**基本**业务单元，由机械式的组合变为交互融合，由上级根据需要而指定变为自行组织和自行演化，从被动和忠实地执行命令变为自驱动地和自适应地工作。

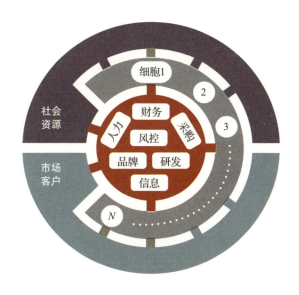

图 10-2　边界模糊的扁平化组织

一个制造业企业的细胞通常由 5～7 人组成，领头人具有较强的业务能力和组织能力，仿照生物学的习惯用语，我们称他为细胞核。细胞核在企业的平台上通过竞标的方式，承揽一项工作，比如说开发一款能满足客户需求的产品。为此他和企业签订了一项内部合同，规定了与实际效益挂钩的风险分担和利益分享方法。他带着这份合同，在企业管理的平台上发布告示，从员工中招收细胞成员，或者从外部招聘新人，组成内外人员混合的细胞。顺便说一句，招聘的操作是由管理平台上的标准模块执行的。

熟悉稻盛和夫管理模式的读者可能会产生联想，细胞不正是阿米巴组织吗？[一] 而且"阿米巴"这个词本来就是一种单细胞生物的名称。

如果说阿米巴是将市场机制和利润原则引入企业内部，数字时代的细胞组织结构则是把企业从里往外翻。传统的阿米巴模拟市场的运行，内部的协作单位模拟外部客户；而数字化企业的细胞直接面对市场竞争和外部客户，它像是一个独立的微型企业，可以自行获得客户与社会资源。细胞和完全独立企业的不同之处在于，它不必自建一套管理体系，依托内部的管理平台（图 10-2 中心的圆圈），完成大部分的管理职能。

请读者注意，数字化企业的管理平台不仅为细胞服务，对社会也是开放的，图 10-2 的左下角画了一条平台到市场客户的通道，意味着外部企业同样可使用中心圆盘上的多种功能模

[一] 稻盛和夫. 阿米巴经营 [M]. 曹岫云，译. 北京：大百科全书出版社，2016.

块，就像零售商使用亚马逊的交易平台一样。国内的一家知名企业开放了它的管理平台和资源平台，支持自己的员工和社会上的年轻人创业。平台使用者当然要付费，从企业的角度看，相当于把过去仅为内部服务的职能部门市场化了，或者说市场"渗入"了企业。

市场的渗透不仅由外及里，而且从里到外。企业细胞1到N的外面虽然还有一道"围墙"，但墙上开了多条通道，透过这些通道，细胞自主地与市场客户及外部资源所有者交互往来。在有闲置能力时，细胞可以承接外部的订单，而当企业内部资源不敷使用的时候，细胞可以寻找和签约外部的第三方供应商。

企业的边界正变得模糊不清。

如同生物界的细胞，数字化企业的细胞也在繁殖、裂变、成长或消亡。当一个细胞的工作量增加而发生人手短缺，或者面临新的挑战，现有成员难以应对，细胞核可以招募更多的成员。一个经过实战积累了经验的成员可以离开当前所在细胞，成为新的细胞核，在企业内部和外部的平台上招兵买马，组建自己的工作团队，单独承接内外部业务。

有意思的是，我们在传统企业中也观察到了组织裂变。例如某连锁餐饮公司实行师徒制，店长作为师傅带几个徒弟，徒弟学成后自己到外面去开店，师傅可得到徒弟店收益的一部分，打消了"教会徒弟，饿死师傅"的顾虑。师徒结成利益共同体，齐心协力扩大业务规模。过去选择店址和店长是总部最困难的决策，也是业务增长的瓶颈制约，现在由分布式的自然裂变所取代，熟悉市场和客户的基层店长充分发挥他们的积极性，取得了比总部决策更好的效果。技术是管理创新的有力工具，却不是必要前提。

不仅细胞而且企业整体也是自适应的，能够根据企业内部和外部的变化进行自我调整，体现为规则与流程的自动修改。当人们发现流程和规则不尽合理或者不能适应市场的变化时，比如说某个财务流程，任何细胞都可以发起一个动议，由独立的委员会根据事先确定的决策程序，修改这个财务流程。委员会成员包括财务部人员、细胞所在业务单元的经理以及该流程涉及的其他部门人员。在这里，职能部门和业务经理管的是规则和流程，而不是员工和具体业务，他们和细胞之间不存在科层制中的上下级关系。

管理学的与时俱进

数字化企业的组织跳出了科层制的窠臼，员工从对上级负责转变为对客户负责，从生产线的附属变成了服务客户的价值创造者，诚如稻盛和夫所言，现在人人都是经营的主角。

在重塑管理的变革中，管理一词被取消了，代之以"治理"或者"理正"。正者，正心明性；正者，合规中矩。正心即如华为公司那样，牢牢树立以客户为中心的理念。明性，就是承认和顺从人性。趋利、自主和自尊乃人之天性。管理者要尊重员工，平等待人，在创造客户价值的基础上，与员工分享利益。"理正"的另一层含义是建立和坚守规则，只要符合规则和遵循流程，企业鼓励员工充分发挥个人和细胞的自主性，真正成为企业的主体，而不再是被管理的对象。

企业员工位置身份的转换对于经济的发展是极为重要的，正像德鲁克所说，当代知识经济的繁荣有赖于知识工作者的主动性和创造性，这就要求企业采用更为灵活的管理方法和市场化的激励机制，为员工提供足够大的个人发展空间。产生于20世纪20年代的泰勒制把人当作机器的一部分，严格限定了工作的时间、空间和内容，显然已不能适应当代经济的需要。稻盛和夫先生敏锐地观察到这一点，在企业经营的实践中创造了阿米巴组织，德鲁克则称之为"团队结构"。㊀

㊀ 彼得•德鲁克.管理（下册）[M].辛弘，译.北京：机械工业出版社，2009：200.

阿米巴和数字化企业的细胞一样是独立核算的，核算碰到一个难题，那就是内部价格的确定。内部价格涉及方方面面的利益，搞不好就使核算方法的客观性和公正性遭到质疑，增加各个阿米巴之间的摩擦和冲突。稻盛和夫一再强调，阿米巴组织的实施需要强大的公司文化和哲学的支持，必须提倡顾全大局和奉献的精神，主要用意就在于缓和利益相争引起的紧张，协调各个阿米巴组织，确保实现公司的总体目标。然而顾全大局的公司文化又和阿米巴的初衷相矛盾，在企业内部划小核算单位的本意就是亲兄弟明算账，用经营成果或利润的分享激励员工。个人主义的阿米巴和集体主义的公司文化如何兼容？这真是件棘手的事情。

　　制定内部价格的困难限制了阿米巴的适用范围，这一组织方式更适用于内部环节少、容易找到市场参照价格的服务型企业。企业一般用利润考核阿米巴小团队的业绩，利润等于收入减去成本，面对市场与客户，收入根据市场价格计算，成本主要是团队成员的薪资和公司的费用分摊，收入与成本之差即为利润。制造业的情况很不一样，从研发、试制、营销、批量生产、仓储运输到批发零售和售后服务，产品价值链条长，上下游纵向协作的环节多，在某些环节上例如批量生产，又分为工艺设计、材料采购、粗加工、精加工、组装、测试等工序,各个环节和工序上的收益和成本计算都要用到内部转移价格,数据分析与测算以及跨部门协调工作之复杂,令人望而生畏。

数字化企业有望突破阿米巴组织的局限,因为定价有了客观依据。数字化企业中每个人的每一项操作都在系统中留下了痕迹,每一笔材料、能源、资金的消耗、每一台设备在每一时点的使用都在系统中有记录,成本核算客观、及时而准确。有了成本数据,企业就可以根据统一的成本毛利率,计算内部转移价格。成本和毛利率的客观性保证了内部价格的公平和公正性,减少阿米巴之间的摩擦和争执,有利于在更大的范围内推广阿米巴组织。当成本加价法由于某些原因无法实行时,企业可使用或参考市场价格。在数字化时代,价格信息的收集也不是很大的问题。图10-2中的平台上有大量的交易发生,交易形成的价格即便不能直接用于阿米巴或细胞的成本–收益核算,也应该被各方认定为最好的计算基准。

数字化技术扩展了德鲁克所说团队结构的适用空间。尽管团队结构具有诸多优点,例如良好的任务适应性、市场反应快速、创新能力强,德鲁克仍将团队看成是职能制的补充,因为团队"拥有高度的自由,却又没有足够的自律和承担相应的责任"。[一]团队结构的另一局限是规模,规模过大则削弱其灵活性和成员责任心强等优点。

数字化企业不可能完全消除德鲁克的这些顾虑,但已大大缓解自律不足和规模过大带来的问题。由于公司的所有业务和管理操作在系统中留痕,数据实时收集与分析,管理层了解公司资源的使用和各个团队的绩效,并能及时向部门和团队提示风险,在这样的情况下,团队成员即使自律差一些也不至于出现大的纰漏和绩效损失。同样因为有图10-2中管理平台的支持,公司可以在业务规模扩大时,继续保持单个团队的短小精干,通过增加团队的数量来提高供应能力,而不必增加层级和管理人员。团队、阿米巴或者细胞是否将取代以职能划分为基础的科层制,成为数字化时代的主流管理模式?团队结构中的知识工作者将表现出什么样的主动性和创造力?这些问题值得管理学者进行深入的研究。

讨论至此,我们想提醒读者注意,在大多数情况下,企业的组织变革需要强有力的技术支持,特别是内部纵向协作链较长的制造业。细胞(团队)+平台的组织结构要求企业的全面数字化,在数字化的基础上系统地梳理流程,将业务和职能流程

[一] 彼得·德鲁克. 管理(下册)[M]. 辛弘,译. 北京:机械工业出版社,2009: 203.

从线下移植到平台上。在技术支持不到位的情况下，盲目追逐潮流，推行"扁平化"或"无边界组织"，有可能打乱现有体系的运行，人为造成失控的局面，实际效果恐怕还不如科层组织。

小结

企业组织结构的设计取决于多种因素，外部环境和需求的不确定性、市场竞争和创新的压力、信息不对称的程度、经济活动与工作的性质、员工对工作方式的偏好，等等。在不确定性较低、工作任务相对简单的制造型经济中，为了扩大企业规模，充分发挥规模经济效应，企业采用了基于职能划分的科层制，以突破信息不对称造成的管理幅度的限制。第二次世界大战之后，世界各国纷纷进入德鲁克所讲的知识经济和创新经济，科层制的种种弊病越来越严重，德鲁克提倡的团队结构获得越来越多的关注，稻盛和夫在管理实践中创造了阿米巴组织。数字技术的发展降低了信息的不对称，有效地增加了管理半径，使企业有可能减少管理层级，企业的组织结构趋向扁平化。另一方面，管理职能的平台化有力地支持了团队的运作，灵活性大、创新能力强、适合"知识工作者"的团队结构将在企业组织中发挥日益重要的作用。

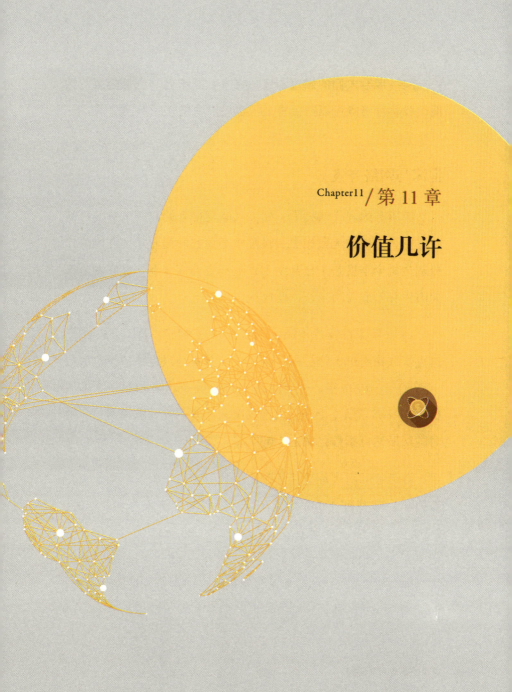

Chapter11 / 第 11 章

价值几许

网络带给人们的困惑不比惊喜少，其中之一就是公司的估值，股票价格既可以扶摇直上，也可以顷刻跌到如同废纸。

泡沫与网络齐飞

像所有的现代新技术一样，互联网带来的前所未有的可能性引发了人们的无限想象，投资大潮随之汹涌而来。在风险投资基金每个季度数十亿甚至上百亿资金的催化下，互联网公司如雨后春笋般冒出来，迅速成长。

1996年4月雅虎上市，当天股价就翻了一番，此时纳斯达克指数在1 000点左右。1997年5月亚马逊上市，开盘股价上涨31%。1998年，社交网站TheGlobe.com上市第一天的股价收于63.5美元，比开盘上涨606%，创下首日涨幅纪录，那时的纳斯达克指数已站上2 000点。

神话般的财富创造让华尔街的投资客红了眼，纳斯达克指数两年后就冲破4 000点，互联网公司的身价跟着水涨船高。2000年1月份，美国在线（American OnLine）宣布以1 560亿美元的天价收购老牌的时代华纳公司，人们纷纷惊叹"新经济"的气贯长虹，"砖头加水泥"的"旧经济"则被弃如敝屣。2000年3月10号，纳斯达克指数创下其有史以来最高纪录的

5 049 点。

1999 年美国有 457 家公司上市，半数以上实现首日交易股价翻番。陶醉在股价的旋风般上涨中，通信公司斥巨资争夺 3G 无线通信的牌照，同时进行一连串的收购。为此不惜大量借债。然而 3G 的收入遥遥无期，沉重的债务负担压垮了这些公司，其中一家是著名的世通公司（WorldCom）。为了掩盖经营和财务问题，世通假造会计报表，欺骗投资者。投资人从迷梦中醒来，注意到很多互联网公司依然没有利润，市场于是怀疑高股价的合理性与可持续性。在没有明显触发因素的情况下，股价调整开始了，纳斯达克指数迅速从高位下跌。

2001 年 4 月 TheGlobe.com 退市，股价 18 美分。2000～2002 年，投资者在泡沫破灭中的损失高达 5 万亿美元。○ 2002 年 10 月 9 号，纳斯达克跌至历史新低的 1 114 点（见图 11-1）。

"阳光下没有新鲜事"，现代网络从问世那一天起，就和金融、投机、泡沫和恐慌结下不解之缘，每一波网络冲击都以我们预想不到的方式，改变了这个世界，每一波冲击也都以我们预想不到的方式，掀起资本市场上的狂澜。在斯托克顿—达灵

○ Gaither Chris, Chmielewski Dawn C. Fears of Dot-Com Crash, Version 2.0[J]. Los Angeles Times, 2016, 7(16).

顿铁路线建成的 1825 年，英国废除了《泡沫法案》，这个法案是在 1720 年南海泡沫破灭后，为了抑制投机而推出的，该法案规定股份公司的股东不得超过 5 人。随着这个法案的终止，实业投资和股市投资的大门敞开，铁路公司如雨后春笋般涌现，股票价格随着投资者的热情而高涨，但不久就在 1827 年出现了一场小股灾，股价的下跌导致新注册的 600 家公司中倒闭了 400 家。[⊖]

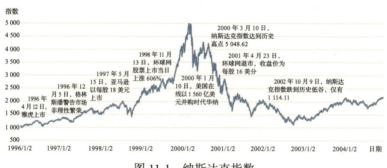

图 11-1 纳斯达克指数

19 世纪 40 年代初期，英格兰银行降低利率，资金离开政府债券，进入铁路投资。铁路公司乘机大举融资，一时间鱼龙混杂，有些人拿着胡乱急就的计划书获得设立公司的许可，政府也采取放任自流的态度。铁路公司允许投资者首期仅支付

⊖ 悉尼·霍默，理查德·西勒. 利率史 [M]. 肖新明，曹建海，译. 北京：中信出版社，2009：170.

10%的现金购买股票，其余90%由公司提供资金，在公司规定的时点偿还，这相当于给股市投资者放了10倍的杠杆融资。疯狂炒作下，1844～1846年，英国铁路公司的股价指数翻了一番（见图11-2）。[一]

1845年，英格兰银行提高了利率，报纸不断揭露铁路公司的弄虚作假和混乱的管理，市场上经常传出公司倒闭的消息，投资者逐渐冷静下来，怀疑铁路投资能否达到预期的高收益，铁路股票价格开始下滑。铁路公司见势不妙，要求投资者交付那90%的融资，迫使投资者在市场上抛售股票，引发股价的螺旋式下跌。铁路股票指数于1850年回到了20年前的起点（见图11-2），很多中产阶级家庭在泡沫破灭中损失了所有的储蓄。或许新技术的普及之路就是泡沫铺垫的，英国的铁路建设在市场风云激荡中突飞猛进，1844～1846年完成了3 500英里（见图11-3），1845年一年就融资1.3亿英镑。

图11-2和图11-3中极为相似的曲线告诉我们，泡沫的逻辑其实很简单：一个动人的故事加上资金。互联网重复着技术创新的悲喜剧，人类的贪婪与恐惧从未改变过，舞台上更换的

[一] Andrew Odlyzko. Collective Hallucinations and Inefficient Markets: The British Railway Mania of the 1840s[J]. Social Science Electronic Publishing, 2010: 6-7.

只是演员和道具。

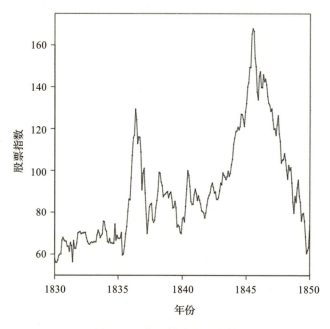

图 11-2　英国铁路股票指数

回顾那些疯狂的年代，极度乐观的人们天真地相信，在互联网塑造的"新经济"中，经济学原理将被改写，通货膨胀和经济周期循环将成为历史，人类可以享受财富的无限增长。传统的资产估值方法也失效了，以现金流和利润为价值源泉似乎是史前时代的算术，新经济中的公司不必赢利，甚至不必有收入，现在要看客户数和增长速度、点击率、市场份额，或者仅凭公司的名称就可以决定股票价格。Dot-com 这几个字母具有神秘的魔力，带有这个后缀的公司就是未来财富的化身。这使我们想起了 2015 年发生在中国的一幕，5 月 11 日，上海多伦股份改名为"匹凸匹金融信息服务公司"，公告变更业务经营范围，声称要成为互联网金融第一股。显然，"匹凸匹"的谐音是当时炙手可热的概念 P2P，果然，公司股价当天应声涨停。

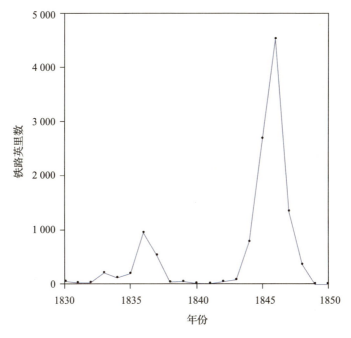

图 11-3　议会批准修建的铁路英里数

全世界的投资者看上去都一样，没有什么哪国特色。

经历了繁荣和毁灭的轮回洗礼，纳斯达克如今在 8 000 点上下波动，未来的道路会像过去一样崎岖颠簸，没有疑问的是，科技公司已脱离了躁动的少年期，正变为世界主要经济体的一支成熟力量。2019 年一季度，世界十大市值公司中有 7 家是科技公司，其中包括排第 7 位的阿里巴巴和第 8 位的腾讯；而 10 年前的十大中只有微软和 AT&T 两家，分列第 6 位和第 7 位。[1] 有意思的是，2019 年初，按营业收入排名的世界十大公司都是零售、石油和汽车等传统行业，科技公司没有一家入围，[2] 科技公司在市值上的超越基本上靠高估值，也就是投资者评估的价值。

理性分析"非理性繁荣"

公司价值多少，取决于它的赢利能力以及投资者对赢利能力的估算。从投资者的角度看问题，拥有一家公司的终极目的是赚钱。赚钱有两个途径，**分红**或**资本增值**，我们先看分红模式。设想一家公司只存续两年，第一年净利润 4 元，第二

---

[1] https://en.wikipedia.org/wiki/List_of_public_corporations_by_market_capitalization.

[2] https://fxssi.com/top-10-profitable-companies-world.

年净利润 5 元，不考虑时间折现，这家公司价值多少？当然是 9 元。如果公司只有一股，则公司股票的价值是 9 元。这些数字看上去离现实世界中的公司太远，我们可以把每个数乘上 10 万，变成 40 万元、50 万元和 10 万股，或者同时乘上百万，本章的所有结论都保持不变。

用符号表示，公司的价值

$$V = E_1 + E_2 \qquad (11\text{-}1)$$

E_1 和 E_2 分别是今明两年的净收益，当 $E_1 = 4$，$E_2 = 5$ 时，公司价值 9 元。

看似简单的式（11-1）表达了一个最基本的估值原理：**盈利是公司价值的唯一源泉**。如果公司经营 N 年，其价值等于未来 N 年的盈利总和，加上结束经营时可在市场上出售的剩余资产价值，比如老旧的厂房和设备。考虑到金钱的时间价值，我们用一个折现率将未来盈利转换为今天的现金再加总，这就是金融学中最常用的**净现金流折现**（discounted cash-flow, DCF）估值模型。为了保持叙述的简洁，我们在下面的讨论中忽略时间价值和公司结业时的残值。

如果公司股票的当前市场价格正好是 9 元，投资者在二级市场上买股票，价格等于价值，不赔不赚。当股价是 8 元时，你用 8 元买下了 9 元的公司盈利，获得投资收益 (9 - 8) / 8 = 12.5%，这就是买股票赚钱的第二个途径——资本增值。如果公司价值在市场上被高估，股价为 10 元，这时进场你就要亏损 (10 - 9) / 10 = 10%。

除了公司的整体价值，投资者还喜欢用市盈率衡量公司的**相对估值**。市盈率 PE 是个倍数，等于当前股价 P 除以当期每股盈利。在股价等于每股真实价值的情况下，上面这家假想案例公司的市盈率为 P/E_1 = 9/4 = 2.25 倍。2.25 倍的市盈率看上去有点低，这是因为我们假设公司只运营两年。倘若公司存续 10 年，净利润均匀分布，每年 4 万，读者可自行验证，市盈率就变成了 10 倍。从这里可以看出，未来对当前利润的比例越大，市盈率越高；或者市盈率越高，说明投资者越看重未来利润。

PE 是资产的相对估值，假如有 A、B 两间公司，市盈率分别为 10 和 15，人们一般会说 A 公司的股票比 B 公司便宜，因为你花 10 块钱买到 A 公司的 1 元盈利，买 B 公司的 1 元盈利要花 15 元。对于同一家公司例如 A，如果去年的市盈率 20，今年市盈率是 10，我们就说 A 公司的股票今年比较便宜，现在是比去年更好的买入机会。如此看来，投资岂不是件很简单的事情？买入市盈率低的股票，卖出市盈率高的就可以了。

单看市盈率不能做出好的投资决策，市盈率等于当前股价除以当年每股盈利，这个指标没有反映出未来盈利，因此不是 PE 越低越好。在很多情况下，低市盈率表明投资者对公司未来的盈利增长不乐观，"便宜没好货"，他们反而买入市盈率相对较高的公司股票。改写一下式（11-1），我们可以很清晰地看到市盈率和盈利增长的关系。令 g 为净利润增长率，则 $E_2 = E_1(1 + g)$，市盈率表达为

$$PE = P/E_1 = (E_1 + E_2) / E_1 = [E_1 + E_1(1 + g)] / E_1 = 2 + g \quad (11\text{-}2)$$

对于上面的简单数值案例，盈利增长 $g = (E_2 - E_1)/E_1 = (5 - 4)/4 = 0.25$，市盈率等于 $2 + g = 2.25$，和前面得出的结论是一致的。

式（11-2）说明，公司的盈利增长越快，市盈率也就是公司的估值越高，互联网公司的高估值是有道理的。这个公式也告诉我们，市盈率高的股票虽然显得有些贵，但很可能是价有所值。图 11-4 显示，纳斯达克市场的整体估值明显高于标普 500，因为纳斯达克以科技公司为主，而标普 500 则因包含了传统行业，盈利增长低于纳指公司。近年来，纳斯达克整体市盈率大约是标普 500 的两倍，而式（11-2）似乎得不出两倍之

差，原因仍然在于我们的假想案例公司只经营 2 年，不能体现盈利增长率 g 的多年复利乘数效应。

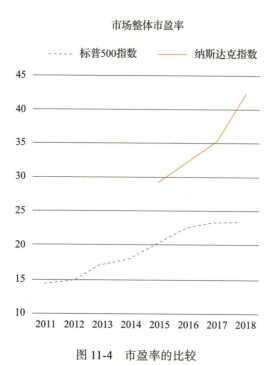

图 11-4　市盈率的比较

简单的式（11-2）的复杂之处在于 E_2，我们仅知道今年的盈利 E_1，明年的盈利 E_2 尚未发生，投资者只能根据现有的信息预测 E_2 以计算公司的总体价值，E_2 的准确定义因此是**预期盈利**。预期虽然不是凭空臆想，而是有一定的客观事实和数据的支持,但在相当大的程度上是主观的,市场参与者个人的风险偏好、知识结构、分析方法、心理状况都影响他们对公司的看法。所以资本市场上永远都是众说纷纭,估值不存在客观的、科学的和统一的标准。正因为估值的差异,有人看多想买,有人看空想卖,市场才有交易。

人们熟知的投资家巴菲特从来不碰科技股,直到公司进入成熟期,收入稳定了之后再研究和买入,例如巴菲特管理的伯克希尔-哈撒韦基金最近才开始持有苹果公司的股票。巴菲特坦率地说他看不懂科技股,他的投资哲学是不懂的坚决不投。我们可以说,巴菲特的知识结构决定了他对公司价值和风险的评估与华尔街的主流不同。

有些投资者喜欢承担高风险以获取高收益,或者因为他们对技术的理解深刻,或者因为天生就是乐观派。预期互联网公司未来的利润爆发式增长,眼下哪怕只有微利甚至亏损都没有关系,只要它们能尽快搭起平台,产生双边市场效应,更理想的是形成生态圈,带来神奇的梅特卡夫效应。回顾第4章,网络的价值和节点数的平方成正比,只要越过了盈亏平衡点,利润翻番增长,这样的前景实在太诱人了,值得下注为之一搏。

梅特卡夫效应和估值

2014年脸书以190亿美元的天价收购了WhatsApp[①]——一个成立了5年的社交网络公司，相当于简化版的微信，公司有52个雇员，约2 000万美元的年收入，估值竟然如此之高，用我们上面的公式无论如何都算不出来。马克·扎克伯格和他的收购团队究竟是怎么想的？11天就做出收购的决定是否太草率了？脸书给出的官方说明是通过收购获得的用户对公司极具价值。彼时WhatsApp有月活跃用户4亿，主要分布在美国和中国之外的地区，和脸书在美国国内的巨大优势形成互补，并且正以比脸书更快的速度指数增长。

从梅特卡夫效应的角度看问题，190亿美元的价格也许不算太过离谱。收购之时脸书有月活跃用户12亿，由第4章的式（4-2）可知，公司的理论价值是 $k_2 \cdot (12亿)^2 = k_2 \cdot 144 \times 10^{16}$，收购之后的理论价值为 $k_2 \cdot (12亿+4亿)^2 = k_2 \cdot 256 \times 10^{16}$，脸书的理论价值因收购WhatsApp增加了256 / 144 = 78%！脸书当时的市值约为1 500亿美元，付出190亿美元购买WhatsApp，看上去像是一笔很合算的交易。除了成本-收益的计算，脸书可能还有战略性考虑，防止WhatsApp落入竞争者之手，或者

[①] https://www.bbc.com/news/business-26266689.

担心这家快速成长的公司威胁到脸书在社交媒体的统治地位。

传统的金融学估值方法在互联网行业屡屡遭受令人难堪的挫折。同样是 2014 年,网约车公司优步发起了一轮融资,估值 170 亿美元。纽约大学财务教授达莫达兰认为这是资本的傲慢,公司其实不值这么多钱。他估算了全球出租车市场规模、优步未来的市场份额和可能的收益,接下去用经典的净现金流贴现法,得出公司的价值约为 59 亿美元。⊖ 一位风险投资的合伙人格利针锋相对,他不仅断定 59 亿美元远远低估了优步的价值,而且指出了教授估值方法的错误——忽视了优步的双边市场效应。

回到本书第 4 章,双边市场效应是供给和需求之间的正向互动:打车的人越多,愿意利用业余时间开私家车,当出租车司机挣点外快的人越多;出租车越多,打车越方便,则打车的人就越多,先前有些自驾车上班的人现在改打车了。达莫达兰教授的失误在于假设市场总需求不变,而实际上通过引入新型的供给,优步创造了新的需求,市场需求随着优步业务规模的扩张而增长。尽管市场双边的正反馈很难定量描述,但完全忽

⊖ 杰奥夫雷·帕克,马歇尔·范·埃尔斯泰恩,桑基特·保罗·邱达利. 平台革命:改变世界的商业模式 [M]. 志鹏,译. 北京:机械工业出版社,2017:18.

略就会产生估值的重大偏差。

优步随后的融资估值一轮比一轮高，达莫达兰教授坦然地公开承认了自己的错误。2019年初，优步在纽交所上市，IPO发行价45美元，市值高达755亿美元。

就商业的本质而论，教授达莫达兰和投资家格利的分歧并没有估值数字显示的那么大。两人都视公司的盈利为价值的唯一源泉，或者说两人使用的都是净现金流折现法，只不过格利凭借他投资互联网的经验，正确地预见到了供给对需求的促进作用，大幅度提高了优步的预期未来收入，而达莫达兰仅在"正常的"市场需求前提下做出他的预测。表面上看，两人是估值之争，实质是对互联网商业模式理解的差异。投资家的商业直觉肯定比大学教授的更为敏锐，格利的胜出不会让人感到意外。

苹果是一家世界领先的科技公司，它的市盈率近年来只有15倍左右，其产品虽然技术含量很高，但是销售手机、电脑等硬件，商业模式既不具备梅特卡夫效应，也没有双边市场效应。虽然苹果有个巨大的App生态圈，经历了高增长，目前已趋于平稳。评价公司的赢利能力，主要看它能否推出热销的新产品，销量越大，则研发的规模经济效益越好。换句话说，从估值的角度看苹果公司，它更像传统的制造企业而不是互联网公司。

我们在本书第 3 章和第 4 章介绍了梅特卡夫效应、双边市场效应、规模经济效应和协同效应,以及节点互动和这些效应的关系。投资者虽然不能根据那两章中的公式精准地计算公司的价值,但可以从网络的丰富程度辨识这些效应,为估值提供定性的指导。社交网络节点的互动最多也最为频繁,产生了最强的梅特卡夫效应,理论上应该具有最高的估值,双边市场效应次之,在其他条件相同的情况下,仅用互联网做销售工具的企业如零售、共享单车、P2P 等类型的估值最低。图 11-5 大致反映了这样的排序,社交平台脸书的市盈率长期高于谷歌,谷歌的主要收入来源是搜索,而搜索的网络结构是一对多的点状放射(第 4 章图 4-6),看上去甚至不像一张网。苹果公司线下卖硬件,和梅特卡夫效应、双边市场效应不沾边,它的估值又在脸书和谷歌之下。

估值取决于多种因素,网络节点互动的效应仅为其中之一,梅特卡夫效应和双边市场效应能否转化为公司的收入,归根结底要看公司的产品和服务。

到目前为止,我们都围绕着盈利讨论公司的估值,为什么一些科技公司长期没有盈利,市场也给了数十亿、数百亿美元的估值呢？比如大名鼎鼎的亚马逊在很长时间里只有微利或亏损，一批忠诚的投资者不弃不离，坚持用自己的真金白银给出传统理论无法支持的估值，难道他们是非理性的吗？

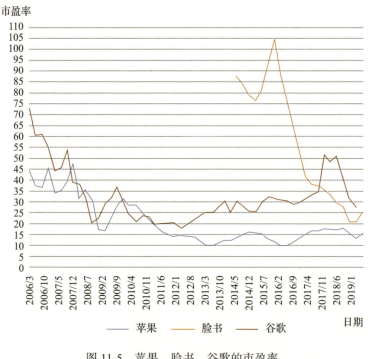

图 11-5　苹果、脸书、谷歌的市盈率

"理性"的含义是投资收益最大化，这个词在金融学中通常和基本面投资等价，而基本面就是按照未来盈利估算的公司价值。如果投资者都是理性的，资产价格应该反映公司盈利，哪怕是预期的未来盈利。但股价持续偏离基本面的现象告诉我们，市场上长期存在着"非理性"投资者。非理性投资者或者纯粹是为了寻求赌博的刺激，或者根本不懂资产估值的原理，追涨杀跌，跟着热门概念和价格趋势走，例如 2000 年前后纳斯达克的互联网、近几年在国内异常火热的人工智能和区块链。

市场上既有理性的也有非理性的投资者，这个现象不奇怪，奇怪的是非理性例如趋势投资的经久不衰。按照常规金融学的推理，非理性投资者违反了市场规律，在遭受了亏损之后，他们或迟或早将退出市场。现实却是趋势投资人即通常所说的"韭菜"展现了顽强生命力，他们从未消失，而且不断地制造泡沫，激发市场的活力并带来交易量，就像啤酒泡沫之于啤酒爱好者一样。这又该如何解释呢？

另类理性

理性投资者根据公司的赢利能力买卖股票，这并不是说基于盈利的投资是市场上的唯一理性。在很多情况下，忽略甚至完全不看基本面的趋势投资可以是理性的。当某一概念比如互联网兴起时，资金一波一波地进入市场，先进入市场的以低价买到股票，待股价涨起来之后及时抛售，卖给后来者，套现获得可观的收益。这样的行为难道不是理性的吗？

近年来对复杂系统的研究为我们提供了理解资本市场的另一个视角。市场由各种各样的投资者组成，每个人都是独立的理性行为人，同时又要和众多的他人互动。投资如下棋，棋手要计算每一步的得失，但又无法算出准确的结果，因为每一步的得失都取决于对手怎么落子，而对手的思考和计算是不能被观察到的。股票市场就更复杂了，那么多人和你博弈，你必须预测但又无法确知他们每一个人是怎么想的，你只能看到分散决策的宏观表象，即股票价格的变化。局面的复杂使一些人不相信经典的金融学模型能给出制胜的投资策略，更多的人不知道如何使用这些模型，他们通过实战总结出各不相同的和简单的决策规则，规则可能是计算基本面，也可能是追涨杀跌的趋势投资。

股价上涨时，你很自然地认为，市场上的大多数人看好公司的未来，如果搭上这一波行情，又能在价格下跌前抛掉，投资收益就到手了。这就是追涨的理性，杀跌的逻辑与此相同，只不过方向相反而已。如何判断行情的时点和幅度，经验和直觉就非常重要了，缺乏经验的新手自然会跟随巴菲特那样的常胜将军，从这个角度看问题，"跟风"也未必是非理性的。

单个投资人根据市场价格的变动计算自己的投资收益，不断修改他的决策规则以提高投资收益。《复杂经济学》[一]的作者阿瑟利用电脑模拟市场的运行，传统金融学中非理性的趋势投资可以成为提升投资收益的理性选择，并且在一定的条件下，基本面加趋势的混合投资策略能够取得比纯粹基本面更好的效果。如此看来，"非理性"不过是面对无法解释的现实，理论家们摆脱尴尬的遁词。

回到我们前面的话题，股价偏离公司盈利，造成互联网公司估值的奇高，既可能是赌博心理驱使，也有可能是市场上正常的"理性泡沫"。

为互联网泡沫恢复名誉，对于市场中的实际操作者似乎没有多大的帮助。遗憾的是，对于预测未来，无论是未来的盈利还是未来的前景，除了思考的框架和定性的分析，理性所能提供的确实非常有限。投资与其说是科学，不如说是一门艺术。

小结

互联网如同所有的新技术一样，在资本市场上掀起阵阵投

[一] 布莱恩·阿瑟. 复杂经济学：经济思想的新框架 [M]. 贾拥民，译. 杭州：浙江人民出版社，2018.

资狂热，资产价格屡屡被学院派分析人员认定为泡沫，也屡屡让他们的预测落空而感到难堪。一方面，互联网公司的创业者和投资者相信技术的魔力；另一方面，理论家们往往低估了互联网的梅特卡夫效应和双边市场效应。市场实践者如果多一点理性，或许可避免无谓的损失，尽管理性很少能作为探索未知领域的指路明灯。学者若想捍卫理性的尊严，则需要不断地思考理性的内涵，甚至重新定义理性。严密的演绎逻辑只是理性的一种而非全部的表达方式，看上去松散的、不那么可靠的和不那么"科学"的归纳法同样属于理性的范畴。市场是复杂的，演绎逻辑的推理只能提供极为有限的答案，基于简单规则的决策虽然谈不上"最优"，却是可行的且经常产生不错的效果。